청소년을 위한 행복론 에세이

홀로서기를 준비하는 청소년을 위한 강영계 교수의 행복 특강

청소년을 위한 행복론 에세이

강영계 지음

건국대 철학과 명예교수

해냄

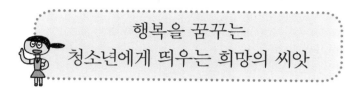

행복을 꿈꾸는
청소년에게 띄우는 희망의 씨앗

　　　　　　인간은 누구나 홀로서기를 시작하면서부터 끊임없이 질문을 던지고 답하며 삶의 수레바퀴를 굴린다. 어떻게 보면 삶이란 스스로에게 던지는 질문과 대답의 연속인 듯하다.

　"나는 지금, 이곳에서 이 책을 읽고 있다. 그런데 이 책의 내용은 도대체 무엇인가? 어떻게 읽어야 할까? 머리말부터 읽을까, 아니면 차례를 살펴보고 쉬운 부분만 골라서 읽을까? 이 책을 왜 읽으려 하는가?"

　'언제, 어디에서, 무엇을, 어떻게, 왜'라는 다섯 단어는 우리들의 삶을 수놓는 물음으로, 살면서 어떤 문제에 부딪히든 이 물음에 명쾌하게 답할 수 있다면 현명하고 행복한 사람이라 할 수 있을 것이다.

이 질문을 가장 자주 던지고 그 대답을 찾기 위해 밤을 새우며 방황하고 고뇌하는 시기는 바로 청소년기일 것이다. 2009~2013년 5년 연속으로 '경제 협력 개발 기구(OECD)' 34개국의 청소년들 중에서 가장 불행하다고 느끼는 것이 바로 우리나라의 청소년이라는 통계를 접했다. 수출 규모는 세계에서 10~12위를 차지하고 개발도상국을 넘어서서 선진국으로 진입하는 상황인데도, 우리 청소년들은 왜 불행 속에서 허우적거리며 숨 막혀 할까?

청소년기는 질풍노도의 시기이기도 하지만 황금기이기도 하다. 미래에 대한 무궁무진한 가능성을 품은 시기이면서, 하루가 다르게 커 나가는 모습이 눈부시게 아름다운 때인 것이다. 그러나 신체는 급속히 성장하는 반면 정신의 성숙은 더뎌서, 문제에 부딪힐 때마다 고뇌와 번민으로 몸부림쳐야 하는 순간들의 연속이기도 하다. 때문에 청소년들은 자신의 몸과 마음을 곰곰이 살피면서 홀로서기를 위해 끊임없이 애쓴다. 사방에서 수없이 많은 문제들이 해일처럼 밀어닥치므로, 청소년은 캄캄한 절망의 나락에서 절규한다.

'더 이상 버틸 힘이 없어. 가족과의 대화도, 공부도, 이성과의 만남도 너무 힘들어. 앞날이 보이지 않아. 나 자신에 대해서도 아는 게 없어. 이런 상황에 무엇을 긍정적으로 생각하라는 거지? 나는 왜 살고 있는 거야? 그냥 떠밀려 가면서 살고 있어. 행복? 그게 뭐지? 나는 행복과는 너무나 거리가 멀어.'

이렇게 고민하며 홀로 서려는 청소년에게 외모와 돈과 권력과 명예가 행복을 약속하며 청소년을 유혹한다. 청소년은 고통으로 신음하면서 자신도 모르게 한 걸음씩 유혹의 함정으로 다가간다. 그러면서도 이러한 유혹에 대해 의문을 가진다.

'순간적인 만족과 기쁨이 과연 나를 행복하게 해 줄까? 정말로 삶의 궁극적인 목적은 행복일까? 불변하는 만족과 기쁨이란 찾을 수 있는 걸까?'

삶의 잣대가 분명하지 않고 행복의 잣대 역시 명확하지 않기 때문에, 청소년들은 불행의 심연 속에서 한숨 쉬며 탄식한다. 필자는 이제껏 길고 긴 삶의 길을 걸어오면서 나름대로 맛본 행복이라는 작은 열매를 꺼내어 보여 주려 한다. 청소년들이 그 열매를 함께 맛보고, 희망의 씨앗을 심고 더 알찬 행복의 열매를 거둘 수 있기를 바란다. 청소년들이 행복해야 나라가 행복해진다. 청소년들이 불행한 나라는 밝은 미래를 기약할 수 없다.

청소년들의 건강한 몸과 마음을 위한 좋은 읽을거리에 관심을 가지고 좋은 책 만들기에 심혈을 기울이는 해냄출판사 송영석 사장과 편집자 여러분에게 진정 어린 고마움을 전한다.

2014년 봄
강영계

4장 건강한 나를 찾아가는 길

5장 모두가 행복한 사회는 가능한가

6장 희망을 어떻게 만들 것인가

The Art of **1장** Happiness

청소년은
왜 불행한가

쾌감을 바탕으로 한 정서가 행복이라고 한다면, 오늘날의 청소년들은 쉽사리 행복을 손에 넣을 수 있는 환경에서 살아간다. 그러나 역설적으로, 그렇기 때문에 더 큰 불행에 빠지게 된다. 물질적 욕망을 충족시키는 순간, 욕망은 더욱 늘어나서 공허한 입을 한껏 벌리기 때문이다. 욕망은 채울수록 무한하게 커지는 괴물이므로, 이기심과 지배욕을 불러일으킨다. 일차원적인 현대 사회를 살아가는 청소년들은 내면에 깊숙이 잠재되어 있는 마음의 눈을 뜨지 않는 한, 결코 행복을 맛볼 수 없을 것이다.

사랑의 안식처,
가정이 흔들린다

가정은 삶의 보금자리다. 가정이라는 말을 들으면 어머니와 아버지, 따스함, 포근함 그리고 형제들이 떠오른다. 『성서』에 "새나 뱀조차 찾아갈 곳이 있는데 하물며 인간이 갈 곳이 없겠느냐"라는 말이 나오는데, 이렇듯 인간이 찾아갈 곳은 바로 가정이다. 그리고 가정이 가정다우려면 가족 간의 사랑이 살아 있어야 한다.

날이 저물기 시작하면 모든 사람들의 발길이 바빠진다. 특히 눈발이 흩날리거나 영하의 기온에 옷깃을 여미는 추운 날, 저녁이 되어 황혼이 깃들면 사람들은 종종걸음을 치며 집으로 향한다. "즐거운 곳에서는 날 오라 하여도 내 쉴 곳은 작은 집, 내 집뿐이리……" 미국 민요 〈즐거운 나의 집〉은 언제 들어도 어머니의 따뜻한 사랑과 가족의 정겨움 그리고 가정의 따뜻한 이미지를 물씬 전해 온다.

그러나 대가족 제도가 붕괴되고 핵가족화가 급속히 이루어지면서, 가정의 풍경도 많이 바뀐 듯하다. 2인 가구라는 말이 낯설지 않더니, 최근에는 1인 가구도 많이 늘어났다고 한다. 3인 가족, 4인 가족이라 해도 저마다의 바쁜 일상 탓에 식구들이 함께 식사하면서 왁자지껄하게 대화를 나누는 풍경을 찾아보기 힘들어졌다. 그만큼 정감이 오가는 인간관계도 드물어진 셈이다.

"가정이 제대로 유지되고 가정다운 가정이 되려면 사랑이 살아 있어야 해. 그런데 세 쌍이 결혼하면 그중에서 한 쌍이 이혼한대. 말하자면 사랑이 없는 거지. 사랑의 힘이란 정말 위대한 거야. 잘생기고 돈 많은 재벌의 아들과 늘씬한 미녀 탤런트가 떠들썩하게 결혼해서 자식까지 낳고 살다가 갑자기 이혼하는 것은 뭐니 뭐니 해도 사랑이 없기 때문이거든. 그들의 사랑은 거짓 사랑이었다고 봐. 돈과 미모를 사랑으로 착각했던 거지."

"그래, 맞아. 내 친구 누나는 소아마비로 어려서부터 앉아서 생활해. 그런데 건장한 남편과 살면서 아이를 둘이나 낳았어. 두 사람은 교회에서 만나서 5년이나 연애하다가 결혼했는데, 남편이 아내를 얼마나 위하는지 직접 보면 닭살이 돋을 정도야. 내 친구 누나가 살아가는 모습을 보면 참다운 사랑이 무엇인지, 그리고 진정으로 사랑하는 사람들이 느끼는 행복이 어떤 것인지 알 수 있을 것 같아."

핵가족화, 도시화, 기계화를 거치면서 오늘날 개인의 생존이 도처에서 위협받는다. 그 과정에서 돈과 권력과 명예, 외모가 개인의 생존에 절대적인 힘을 발휘하고, 인간이 마땅히 누려야 할 가족 간의 사랑마저 위협한다.

"우리 남매는 중학교와 고등학교에 다니지만, 집은 '잠자는 곳' 외에는 아무 의미가 없어. 어머니는 식당 일로 밤늦게 오시고, 아버지는 아무런 대화도 없이 소주 마시고 주무시다가 나가시고……. 여동생과 나도 용돈을 벌기 위해서 편의점이나 독서실에서 아르바이트하기에 바쁘고……. 나도 그렇고 엄마도 그렇고, 먹고살기에 바쁘니까 행복 같은 말은 듣기만 해도 짜증나."

청소년은 생리적으로 매 순간 불행을 맛볼 수밖에 없다. 사춘기에 갑자기 몸이 성숙하면서 외모는 어른의 모습을 갖추지만, 정신적으로는 여전히 소년, 소녀의 상태에 머물러 있기 때문이다. 그래서 행복한 순간에도 막상 눈앞에 문제가 닥치면 순식간에 깊은 절망과 불행에 빠져든다.

도대체 행복이 무엇이기에, 청소년들은 작은 일에도 한없이 행복하다고 느끼다가도 어느 순간 불행하다고 한숨 쉬면서 좌절하는 것인지 그 이유를 알 수 없다. 행복은 기쁨일까? 하지만 오랜만에 친구를 만나면 기쁘긴 해도 행복하다고 말하지는 않는다. 그렇다면 행복은 만족일까? 따뜻한 집에서 맛있는 식사를 하고 아무런 근심 걱정 없이 풍족한 생활을 누린다면 불행이 끼어들 틈이 없을 것 같기도 하다.

그러나 사전을 찾아보면 행복은 '복된 좋은 운수' 또는 '행운'으로 풀이되어 있고, 다음으로는 '생활에서 충분한 만족과 사는 기쁨을 느끼는 흐뭇한 상태'로 정의되어 있다. 그렇다면 행복은 만족과 기쁨을 모두 포함하는 상태라고 하는 편이 옳을 것이다. 가정은 인간이 태어나서 처음으로 행복과 불행을 동시에 체험하는 삶의 보금자리다. 그리고 가정의 행복은 가족 간의 사랑을 바탕으로 하는데, 사랑은 가족 구성원을 만족시키는 핵심 요소다. 그러므로 행복한 가정에서는 가족 모두가 사랑을 통해 만족과 기쁨을 느낀다.

그러나 주변을 둘러보면 가족 간의 사랑이 메말라서, 형식적으로만 가정이 유지되는 경우를 많이 볼 수 있다. 가족 구성원 각자가 사랑이 아닌 적개심을 품고, 병든 영혼을 치유할 방도를 찾지 못해 언제 가정이 붕괴될지 모른다. 남편과 아내 사이에, 부모와 자식 사이에 대화가 단절된 지 오래된 가정도 수없이 많다. 이혼과 가정 파탄의 아픔을 달래고 치료할 여유도 없이, 먹고살기 위해 생활 전선에 뛰어들어야만 하는 절박함이 상처받은 영혼들을 한층 더 아프게 한다.

그러면 잘 먹고 잘사는 집안의 청소년들은 부모와 사회의 지대한 관심을 받으면서 행복한 삶을 누리고 있을까?

"우리집이 잘사느냐고요? 우리집이 행복하냐고요? 하긴 남들은 모두 우리집이 잘살고 행복하다고 말하고, 우리집처럼 번듯하게 살아 보는 것이 평생 소원이라고들 해요. 아버지는 강남에서 이름만 대면 알

만큼 유명한 성형외과 의사이고, 어머니는 여기저기 텔레비전에 단골로 출연하는 요리 연구가예요. 우리 가족은 주말이면 호텔 레스토랑에서 저녁 식사를 하고, 1년에 한 번은 유럽이나 미국으로 해외여행을 가요. 그런데 보통 때는 가족 간에 대화도 없고, 그러니 의사소통이라는 걸 하지 않아요. 부모님이 너무 바쁘시니까요. 청소와 식사는 가정부가 와서 다 해결해요.

내가 우리집에서 원하는 단 한 가지는 식구들 간의 따뜻한 대화예요. 가족의 정성과 관심이 담긴 말 한마디가 절실히 필요한 거예요. 사랑이 메마른 이런 가정에서 어떻게 행복할 수 있겠어요?"

디지털-사이버 후기 자본주의

자본주의는 자본, 생산수단, 노동을 기본요소로 재화를 생산하고 소유하는 경제체제이다. 그러나 20세기 이후 지식과 정보, 아이디어 등이 경제 조직의 주요 요소로 떠오르면서 후기 자본주의가 도래했다. 21세기에 접어들면서 디지털 기기와 가상공간의 세계가 덧붙여진 디지털-사이버 후기 자본주의가 형성된 것이다.

헤겔(1770~1831)

독일의 고전적 관념론 철학을 대표하는 철학자로, 역사와 자연이 변증법적으로 발전해 나간다고 주장했다. 헤겔은 어떤 현상이나 체계 안에는 그 자신을 전복하게 될 모순 또는 대립이 내재되어 있다고 보았다. 이것이 변증법의 논리로, 내재된 모순을 인식하지 못하는 정(正), 그 모순을 자각하고 밖으로 드러내는 반(反), 그리하여 마침내 새로운 질서 또는 인식의 단계로 나아가는 합(合)의 과정을 거쳐 사회가 변화한다고 하였다. 대표적인 저서로 『정신현상학』, 『논리학』, 『법철학』 등이 있다.

디지털-사이버 후기 자본주의 사회 는 가정마저 피폐하게 만들고 말았다. 현대인은 모두 넋을 놓고 돈을 향해 질주하고 있는 것 같다. 돈은 저만치 앞에서 권력과 명예를 거머쥔 채 "나를 잡는 인간만이 행복할 수 있어!"라고 속삭이며, 잡힐 듯 말 듯 잽싼 걸음으로 달려가고 있다.

가정은 삶의 보금자리다. 보금자리 곳곳이 태풍에 찢겨 나가면, 청소년들이 좌절과 절망 속에 큰 불행을 느끼며 방황하는 것은 당연하다. 헤겔 은 가정의 사랑을 바탕으로 사회의 협력이 성립하고, 사회의 협력을 근거로 국가의 법이 형성된다고 보았다. 사랑이 없는 가정은 사회와 국가의 안녕과 미래마저 위협한다.

대학은
꼭 가야 할까

많은 이들이 우리 사회는 평등하며, 노력 여하에 따라 얼마든지 원하는 바를 성취할 수 있다고 여긴다. 그러나 다른 한편에서는 혈연과 지연과 학연이 좋아야 출세하고 성공한다는 생각이 머릿속 깊은 곳에 굳게 자리 잡고 있다. 옛 어른들은 "소나 말은 제주도로 보내고, 사람은 한양으로 보내야 한다"고 했다. 모름지기 출세하고 성공하려면 서울에 가서 글을 읽고 힘 있는 사람과 친분을 쌓으며 세상 물정을 알아야 한다는 뜻이다. 우리들의 머릿속에는 여전히 양반이 아니면 평민이라는 이분법적 사고방식이 뿌리박혀 있다.

"부모님을 잘 만나고, 일류 대학을 나오고 또 잘나갈 수 있도록 끈이 단단한 지역에서 태어나야만 성공한다는 말은 옛날 이야기야. 남녀차별만 해도 이미 낡은 이야기 아니겠어? 초등학교 선생님은 거의 다 여성이래. 판사나 검사도 여성의 비율이 엄청나게 늘어났어. 사관학교나 경찰대학에도 여성들이 꽤 있어. 미국으로 입양 간 사람이 워싱턴 주 상원의원으로 당선된 예도 있고, 대학 문도 밟아 보지 않은 사람이 재벌 회장이 되기도 하고 대통령이 되기도 했어. 사람은 자기 하기 나름에 따라 출세하고 성공하는 거야. 그러니까 혈연, 학연, 지연은 핑계에 불과한 거지."

"그렇지만 아직도 우리 사회에는 양반과 평민의 구분이 너무나도 뚜렷해. 강남의 잘사는 집안 자식들은 일류 학원에 다니고 해외 어학연수도 다녀오고, 미국에서 대학 생활을 하기도 해. 그런데 못 먹고 못사는 나는 뭐야? 일류 입시 학원은커녕 보습 학원에도 다니기 힘들고, 부모님은 뼈 빠지게 일해도 우리 남매를 제대로 뒷바라지하기가 힘들어. 가난한 집 자식들이 악에 받쳐서 공부도 잘하고 일류 대학에 들어간다는 것도 다 옛말이야. 부모님이 이혼하고, 어머니 혼자 자식들을 돌보다가 병들어 누웠을 때 집도 절도 없고 모아 놓은 돈도 없다면, 자식들이 무슨 수로 일류 대학에 들어갈 수 있겠어?"

후자의 관점으로 보면 부유한 집안의 일류 대학 출신들이 사회 각계각층의 요직을 모두 차지하고 있는 것이 현실인 듯하다. 그렇기 때문에 어른들은 물론이고 청소년들마저 제대로 결혼하기 위해서라도 대학만은 졸업해야 하고, 가능하면 일류 대학에 들어가는 것이 성공과 행복의 첫걸음이라고 생각한다. 유치원을 다니는 어린이들도 부모의 닦달에 원어민 영어 학원이라든가 보습 학원에 다니며, 초·중·고등학생들은 학원 공부가 필수인 것으로만 안다.

부모들은 사교육비 부담으로 허리 펼 날이 없다고 한다. 청소년들은 '일류 대학'이란 말만 들어도 온갖 스트레스를 받는다. 머리에 제대로 들어가지도 않는 영어, 수학, 국어를 강제로 집어넣으려고 발버둥 치다 보면 매일이 짜증스럽고 허무하게 느껴질 것이다. 소위 선진국의 청소년들을 보면, 자신의 능력과 적성에 따라 대학 입학시험을 준비하기도 하고, 기술을 익히기도 한다. 예컨대 독일의 경우, 어떤 청소년들은 일찍부터 실업학교(직업학교)에서 특정 분야의 전문적인 기술을 배워 마이스터* 자격을 취득한다. 마이스터 자격이 있는 사람은 사회에서 그에 걸맞은 대우와 존경을 받는다.

마이스터
사범 혹은 장인을 뜻한다. 중세 유럽 도시에서는 상공업자들의 조합인 길드(guild)가 형성되었고 그 우두머리를 마이스터라 했다. 길드는 훗날 시민혁명과 산업혁명의 주도적 역할을 수행했다.

시민 의식
사회 구성원들이 독립한 개인으로서 자유와 평등을 누리는 동시에 사회적 책임을 다하고자 하는 생활 태도 또는 마음의 자세

공동체 의식
집단이 구성원 각자의 존엄성을 인정하는 한편, 구성원 개인들도 집단의 이익과 권위를 존중하는 자세

"우리는 아직 시민 의식*이 낮아요. 그러니까 공동체 의식*도 희박할 수밖에 없죠. 많은 사람들이 입으로만 일류 대학을 없애야 한다고 외치고, 속으로는 여전히 동창회와 동문들을 찾아요. 프랑스가 독일을 본떠서 일류 대학을 모조리 없애고 대학을 모두 국립으로 만든 것은 참으로 놀랄 만한 교육 혁명이에요. 개인적인 생각이지만 대학은 교육, 연구, 봉사 등 대학 본래의 이념에 철두철미해야 해요. 우리나라의 상

당수 대학은 내용이 너무 부실해요. 어른들은 물론이고 청소년들도 이런 현실을 날카롭게 직시해야 해요."

"그러면 청소년들은 '내가 지금부터 사회의 어떤 직업 전선을 선택하고 그곳에서 생활할 준비를 어떻게 해 나갈 것인지, 아니면 대학에 진학해서 연구하고 싶은 것을 마음껏 연구하며 나의 지식욕을 충족시키는 삶을 살아야 할지' 잠정적으로나마 결단하려 하겠군요. 그러기 위해서는 청소년들이 부모님, 선생님 그리고 친구들과 대화하고 토론하면서 충분히 의사소통하는 훈련 과정이 필요하겠어요."

서구 사회의 시민 의식을 성숙시킨 요소를 꼽자면 그리스 철학과 기독교 신앙을 들 수 있지만, 근대에 이르러서는 1789년 프랑스 혁명의 자유·평등·박애의 정신을 특히 중요하게 평가한다. 행복은 주관적 쾌감만이 아니라 객관적인 사회 복지와 안녕도 필요로 한다. 그러므로 한 사회의 성숙한 시민 의식은 행복의 필수 조건일 수밖에 없다.

우리 사회에서는 일류 대학을 나오면 돈과 권력과 명예를 거머쥐기 쉽고, 이 세 가지를 모두 소유한 사람은 행복한 사람으로 평가받는다. 그러나 돈과 권력과 명예를 누리는 사람들 대부분은 자유·평등·박애와는 거리가 멀다. 흔히 가진 자들은 못 가진 자들을 내려다보면서 '너희들은 불행하고 나는 행복하다'라고 생각하며 쾌감을 느낀다. 이런 사고방식은 공동체 의식이 결여된 것으로, 시민 의식이 성숙하지 못한 셈이다. 존 스튜

존 스튜어트 밀 (1806~1873)
19세기 영국의 철학자이자 경제학자. 제러미 벤담에게 영향을 받아 공리주의를 주장했으나, 그와 달리 쾌락의 질적인 차이를 중시했다. 자유주의와 사회 민주주의 정치사상의 발전에도 크게 기여했다.

어트 밀*이 "배부른 돼지가 되기보다는 배고픈 소크라테스가 되겠다"라고 말했듯이, 행복이란 어떻게 보면 단순하고 간단하다. 대학에 가든 안 가든, 일류 대학을 나오든 안 나오든, 자립한 인간으로서 이웃과 더불어 사람답게 살아가며 자유·평등·박애를 실천하는 삶의 상태가 바로 행복인 것이다.

식탐을 마음껏 충족시킨 돼지는 배를 두들기며 행복하다고 으스대지만, 배고픈 소크라테스는 이웃과 함께 어떻게 하면 정의롭게 살 수 있을지 고민하고, 인간답게 살 수 있는 행복이 무엇인지 끊임없이 탐구한다. 청소년들이 곧 다가올 어른으로서의 삶을 고민하고 이에 대비할 것을 여러 철학자들의 의견과 더불어 권한다.

"청소년기를 지내고 보니까, 그때가 인생에서 왜 그토록 중요한 시기인지 비로소 알 것 같아. 청소년들은 아직 영글지 못했기 때문에 누구나 성숙의 고통을 겪지 않을 수 없지. 그런 만큼 삶의 가치와 의미를 찾지 못하고 방황하기 쉬워. 본드, 흡연, 가출, 때 이른 성관계나 임신, 청소년 성매매나 자살과 같이, 방황하는 청소년들을 유혹하는 어두운 불행의 손짓도 곳곳에 많아. 게다가 순간적인 쾌락을 위해 다른 학생들을 폭행하고 그들이 가진 것을 갈취하기도 하잖아. 이런 행동의 배경에는 분명히 대학 입시도 한몫을 한다고 봐."

"우리나라에는 대학이 너무 많아. 특히 서울에만 대학이 100개가 넘는다니 이건 희극적인 비극이야. 정부는 교육 혁명의 의지를 가지고 과감히 대학을 정리해야 해. 교육 내용이 알찬 실업학교나 직업학교를 많이 만들어서 젊은 전문 기술인들을 양성하고, 그에 맞는 대우를 해야지. 교육 혁명의 의지가 없는 국가에는 밝은 미래가 없어.”

『논어』의 첫 문장은 “배우고 때때로 익히니 이 역시 기쁘지 아니한가”이다. 대학에 진학해서 배울 수도 있지만 대학에 진학하지 않아도 배울 수 있는 길은 헤아릴 수 없이 많다. 딱히 배운 것도 없이 대학을 나왔다며 우쭐대기보다는, 홀로서기하여 삶의 지식을 터득하는 사람이 훨씬 가치 있는 인격 주체임은 분명하다. 홀로 설 수 있는 청소년만이 대학 진학을 비롯하여 자신의 진로와 생활 문제를 스스로 결정할 수 있다. 홀로서기야말로 행복한 삶으로 향하는 첫 관문이다.

이성 친구가
필요하다

사춘기에 접어들면 2차 성징이 두드러지면서 신체는 어른처럼 성숙해진다. 성별을 구분하는 해부학적 특징인 1차 성징은 태어나기 전부터 정해지지만, 2차 성징은 사춘기에 갑작스레 발달한다. 남자의 경우에는 변성기를 맞이하고 거웃이 자라며 자위를 경험하게 된다. 여자 역시 사춘기에 접어들면서 초경을 겪고 유방과 둔부가 발달하면서 엄마가 될 수 있는 능력이 생긴다.

현대사회는 정신적 성숙과 사회적 성숙을 모두 요구한다. 그러나 청소년은 신체적으로는 성숙해도 정신적·사회적으로는 미성숙하므로, 이성에 대한 그리움과 갈망으로 밤을 지새우면서도 자신의 욕망과 꿈을 실현시키지 못한다. 대화 없는 가정과 대학 진학의 압박은 청소년들을 불행하게 만드는 핵심적인 요인이지만, 금지된 사랑 또한 청소년들을 절망의 늪에 빠지게 하는 원인이다.

"청소년들은 누구든지 이성 친구와 사랑을 나눌 수 있어. 이성 친구 때문에 나쁜 길로 빠졌다거나, 부모님이나 선생님이 이성 친구와 사귀는 것을 금지했기 때문에 가출해서 불량배가 되었다는 이야기를 들으면 정말 이해가 안 가. 물론 불타는 젊음 때문에 이성 친구와 단둘이 있으면 욕망을 억제하기 힘들겠지. 그래도 청소년들의 탈선에는 뭐니 뭐니 해도 어른들의 잘못이 가장 크다니까."

"맞아. 부모들부터 마음의 문을 열고 자녀에게 진심에서 우러나온 대화의 손길을 내밀 줄 알아야 해. 남녀 간의 사랑은 우선 순수해야 하고, 반드시 일정한 단계나 과정을 거쳐야만 아름답게 성숙할 수 있다는 사실을 어른들이 먼저 진솔하게 이야기해 줘야지. 대화가 단절되었을 뿐만 아니라 대학 진학을 강요하고 출세와 성공이 행복을 약속한다고 주장하는 부모님이 버티고 있는 가정에서는 청소년들이 터놓고 남녀 간의 사랑을 말할 수가 없어. 마음속으로는 이성 친구를 한없이 동경하면서도, 가정과 학교에서 이성과의 만남에 대해 속 시원하게 대화할 만한 상대가 없는 거야."

왜 어른들은 남녀 간의 사랑에 대해 청소년들과 허심탄회하게 대화하는 데 인색한 것일까?

"청소년이 무슨 사랑이야? 대학에 들어가거나 직장에 취직하면 누가 시키지 않아도 젊은 사람들은 짝을 찾게 마련이고 사랑하게 되어 있어. 청소년들이 남녀 간의 사랑을 알게 되면, 자기가 해야 할 공부는 안 하고 비뚤어진다니까. 청소년은 모름지기 공부나 열심히 해서 좋은 대학에 진학해야 인생이 펴기 시작하는 거야."

"그렇지 않아. 매도 먼저 맞아야 낫다는 말이 있는 것처럼, 어릴 때부터 이성 친구들을 사귀고 접하는 일은 인간으로서 성숙해 가는 과정에서 매우 중요해. 도둑질도 해 본 놈이 잘한다는 말이 있잖아? 어려서부터 이성 친구와 접하지 못한 청소년은 이성을 머릿속에 떠올리기만 해도 성적으로 흥분해서 상대방을 오로지 성적 대상으로만 보게 될 수도 있어."

> **일상성**
> 독일 철학자인 마르틴 하이데거가 『존재와 시간』에서 학문의 수준으로 끌어올린 단어로, 본래는 '날마다 반복되는 성질'을 뜻한다.
> 하이데거는 한 인간의 실존은 실재하는 자기 자신뿐 아니라 외부세계에 의해서도 양태된다고 보았다. 즉, 나 아닌 타인과의 관계나 내가 속한 집단 혹은 사회 안에서의 역할에 따라 '나'가 누구인지 규정된다고 본 것이다. 대중매체를 포함한 타인의 시선, 기대 등에 의해 자아의 생각, 감정, 행위가 결정될 때 '나'의 존재는 스스로에게도 타자화된다는 것이 '일상성'의 함의이다.

대부분의 어른들은 일상성*에 사로잡혀서 철저한 자기반성의 시간을 가지지 않기 때문에, 청소년들에게 남녀 간의 사랑은 때 이른 것이라고만 생각한다. 게다가 우리의 머릿속에는 '남녀칠세부동석'이 아직도 깊숙이 자리 잡고 있다. 특히 남녀 간의 성관계나 사랑을 은밀한 것으로 여겨서, 공공연하게 입 밖으로 내어서는 안 된다고 생각한다. 그러나 어려서부터 동성 친구뿐 아니라 여러 이성 친구를 두루 사귀면서 '사람다움'과 '홀로서기'를 훈련한다면, 이런 청소년은 이성 친구를 만나

도 큰 문제가 없다. 그리고 시간이 지나면 성숙한 남녀 간의 사랑을 시작할 수 있을 것이다.

청소년들이 불행한 이유는 청소년 자신에게도 있지만, 무엇보다도 그들을 불행하게 만든 장본인은 어른이다. 국회와 정부의 정치가들과 관리들이 앞장서서 입시 학원을 폐쇄하고 그 대안으로 직업학교와 일자리를 만들면 어떨까? 물론 충분한 시간을 들여 조금씩 바꾸고 천천히 보완해야 할 것이다. 양질의 대학을 만드는 작업도 병행되어야 한다. 중·고등학교의 수업 시간을 대폭 줄이고, 정부 및 지방자치단체와 도서관, 교회나 사찰, 기업과 시민 단체 등에서 청소년들이 적성을 계발하고 놀이 문화를 누릴 수 있게끔 기회와 장소를 제공하도록 법적으로 장치를 마련한다면 더욱 좋을 것이다. 그러면 청소년들은 가까운 '청소년 문화센터'에서 갖추고픈 소양이나 기술의 기초 교육도 받고, 남녀가 거리낌 없이 어울리면서 자연스럽게 이성 친구를 사귈 수도 있다.

한편 청소년들도 가정과 대학 진학 문제뿐만 아니라 이성 친구에 관해서도 열린 마음으로 대화해야 하며 부모님, 선생님을 비롯한 어른들에게 솔직하게 문제를 제기할 줄 알아야 한다.

어른들은 일상이 바쁘고 고달플지라도 우선 스스로를 돌아보며 자기반성과 자기비판을 거쳐야 할 것이다. 그리고 청소년들의 행복한 미래를 위해 구체적이고 현실적으로 사회를 어떻게 개선해 나가야 할지 고민하고, 그 대책을 행동에 옮겨야 한다.

디지털 문명사회와
인간 상실의 시대

마르쿠제(1898~1979)
독일에서 태어난 미국의
철학자로, 프랑크푸르트
대학의 '사회연구소'에서
에리히 프롬 등과 함께 활
동했다. 고도 산업사회에
서 인간의 사상과 행동이
체제 안에 완전히 내재화
하여 변혁할 힘을 상실했
음을 예리하게 지적한 저
서 『일차원적 인간』이 유명
하다. 그의 이론은 신좌익
운동의 정신적 지주가 되
었다.

현대인은 '욕망의 기계'
와도 같으며, 청소년도 예외는 아니다. 특히 청소
년들은 남들이 가진 것을 전부 가지고 싶어 한다. 물
질 만능주의, 과학 만능주의, 황금만능주의가 현대
인을 지배한 지 이미 오래되었다. 그래서 마르쿠제
와 같은 철학자는 현대사회를 일컬어 일차원적 사회
라 하고, 현대인을 일차원적 인간이라고 불렀다.

질적으로 다른 여러 가지 삶의 형태들을 두루 맛
보면서 스스로의 결단과 선택에 의해 진정으로 원하
는 삶을 살아가는 주체적 인간은 다차원적이다. 그

러나 물질적 욕망만을 충족시키기 위해 삶의 다양한 측면은 도외시한 채 질주하는 인간은 일차원적이며 욕망의 기계에 지나지 않는다. 이런 일차원적 인간들이 모인 사회 역시 일차원적일 수밖에 없고, 그런 사회에서는 개인의 이기심과 지배욕이 팽배하므로 그로 인한 위험이 곳곳에 수없이 도사리고 있다.

"현대사회가 왜 일차원적 사회냐고? 삶의 위기 내지 위험이 도처에 도사리고 있기 때문이야. 말하자면 식량 부족으로 인한 빈곤의 위기, 생태계 파괴 내지 환경 오염의 위기, 언제 어느 곳에서 벌어질지 모를 전쟁의 위험 등은 모두 인간의 욕망과 불가분의 관계를 맺고 있지. 인간은 욕망 때문에 행복하기도 하지만, 욕망 때문에 불행하기도 해. 무엇보다도 욕망이 극대화되면 불행 또한 극단적으로 커지게 되지. 물질적 과학 문명이 눈부시게 발달하면서 인간의 욕망을 충족시키는 것도 과거보다 훨씬 더 빠르고 쉬워졌어."

쾌감을 바탕으로 한 정서가 행복이라고 한다면, 오늘날의 청소년들은 쉽사리 행복을 손에 넣을 수 있는 환경에서 살아간다. 그러나 역설적으로, 그렇기 때문에 더 큰 불행에 빠지게 된다. 물질적 욕망을 충족시키는 순간, 욕망은 더욱 늘어나서 공허한 입을 한껏 벌리기 때문이다. 욕망은 채울수록 무한하게 커지는 괴물이므로, 이기심과 지배욕을

콩트(1798~1857)
프랑스의 철학자이자 실증 주의의 창시자로, '사회학' 이라는 용어를 제창했으 며, 프랑스 및 유럽의 무정 부 상태를 끝내고 통일을 재건하려 했다. 세속적 무 정부 상태가 지적·정신적 무정부 상태로 인한 것이 라고 보고 지적·정신적 통 일을 수립하는 것을 일생 의 중요한 과제로 삼았다.

키르케고르(1813~1855)
덴마크의 철학자로, 대중 의 비자주성과 위선적 신앙 을 엄하게 비판했다. 절망 의 구렁텅이에서 신을 탐구 하는 단독자(單獨者)로서 의 종교적 실존 방식을 추 구했으며, 『죽음에 이르는 병』이 대표적인 저서다.

불러일으킨다. 일차원적인 현대사회를 살아가는 청 소년들은 일차원적 디지털 문명사회의 어두운 불행 에서 어떻게든 벗어나기 위해 몸부림치며 허우적거 리지만, 어디에서도 행복의 등불을 찾아보기 힘들다. 이런 암흑 속에서 청소년들은 눈뜬장님에 지나지 않 는다. 내면에 깊숙이 잠재되어 있는 마음의 눈을 뜨 지 않는 한, 결코 행복을 맛볼 수 없을 것이다.

현대사회는 디지털-사이버 후기 자본주의 사회다. 디지털은 자동기계를 비롯하여 컴퓨터, 영상 매체 등, 숫자 0과 1의 조합을 통해 여러 가지 기술과 정보를 생산·유통·수용하는 방식을 뜻하며 사이버는 가상, 특히 인터넷과 같은 비물질적 공간을 뜻한다. 예전에 자본주의 사회의 생산관계*를 결정한 요소들은 자 본, 생산수단, 노동이었지만, 후기 자본주의 사회에 접 어들면서 아이디어와 정보까지 필요로 하게 되었다. 또한 디지털-사이버 후기 자본주의 사회는 물질적 자 연과학과 황금만능주의가 주도하는 사회다. 19세기 초반, 프랑스의 실증주의 철학자 콩트*는 관찰이나 실험으로 검증할 수 있는 지식만을 인정했으므로 과 학적 실증 상태를 인간 의식의 궁극적 발전 단계라고 보았다. 이와는 달 리 키르케고르*, 니체*, 하이데거* 등은 물질, 과학, 황금만능주의를 강 하게 비판했다. 특히 장 보드리야르*는 디지털 세계의 상징과 코드가 지배하는 현대사회를 죽은 사회라고 했다.

"현대사회에서는 청소년들이 특히 불행하지만, 이
미 현대인 자체가 불행에 젖어 있어. 현대인은 과거
의 사람들과는 달리 꿈과 낭만과 희망을 송두리째
잃어버리고 말았거든. 게다가 남녀노소를 불문하고
너 나 할 것 없이 돈이 곧 행복이라고 확신하고 있지.
사회의 부정부패가 만연하고 사람 사이에 불신이 팽
배한 것은 바로 황금만능주의 때문이야."

"디지털–사이버 기기들이 사회와 인간을 지배하
는 이유가 무엇일까? 기계 하나로 많은 문제들을 순
식간에 해결할 수 있거든. 스마트폰이 좋은 예야. 스
마트폰 하나만 있으면 전화는 물론이고 메일 보내기,
각종 정보 검색하기, 은행 거래, 버스나 지하철 타기
등을 모두 해결할 수 있지.

콩트는 과학적 실증 단계를 만능열쇠의 단계, 곧 긍
정적인 행복의 단계로 보았어. 그러나 실존주의 철학
자들과 장 보드리야르는 과학과 황금만능주의에 지
배받는 인간은 소외*된 인간이고, 인간성을 상실했다
고 부르짖었어. 특히 장 보드리야르는 현대인을 가리
켜서 숙명적 전략에 의해 죽어 버린 인간이라고 낙인
찍었지.

니체(1844~1900)
독일의 시인이자 철학자이
다. 쇼펜하우어의 의지 철
학을 계승하는 '생철학'의
기수이며, 키르케고르와
함께 실존주의의 선구자로
불린다. 『차라투스트라는
이렇게 말했다』 등이 대표
적인 저서다.

하이데거(1889~1976)
독일의 실존철학자로, 『존
재와 시간』에서 인간의 존
재 방식과 현상을 실존주의
에 근거하여 분석하였다.
실존주의는 개인으로서의
인간의 주체적 존재성을 강
조하는 철학으로, 키르케고
르, 니체, 야스퍼스, 사르트
르 등이 대표적이다.

장 보드리야르
(1929~2007)
프랑스의 철학자이자 사회
학자로, 대중과 대중문화,
미디어와 소비사회 이론으
로 유명하다. 현대인은 물
건의 기능보다는 기호를
소비한다고 주장했는데,
모사된 이미지가 현실을
대체한다는 시뮬라시옹
(Simulation) 이론을 비롯
하여, 더 이상 모사할 실재
가 없어지면서 실재보다
더 실재 같은 하이퍼리얼
리티(극실재)가 생산된다
는 이론을 내세웠다.

소외
인간이 자기의 본질을 상실하여 비인간적 상태에 놓이는 것을 일컫는 철학적 개념. 특히 마르크스는 자본주의 사회에서 인간이 생산수단, 노동 과정, 생산물로부터 소외되어 결국 개별적이고 사회적인 인간 자신으로부터도 소외된다고 설명하였다.

이런 상황에서 청소년들이 불행하지 않다면 그것도 이상할 거야. 이미 어른들이 만들어 놓은 인간성 상실의 사회에서 정신적으로 성숙하지 못한 청소년들은 불행 속에서 신음하는데, 그들더러 행복을 찾으라고 하는 것은 헛소리가 아닐까?"

콩트는 『실증 철학』에서 인간 의식의 발전 단계를 다음의 세 가지로 구분했다. 우선, 신학적 상태다. 고대에서 13세기에 이르기까지 무사와 신부가 사회를 지배했는데, 이는 가상적이고 상상적인 단계다. 둘째는 추상적 상태로, 14~18세기에 철학자, 법률가 등이 사회를 지배한 법치적 단계다. 마지막이 실증적 상태인데, 프랑스 혁명 이후 과학자와 산업가가 사회를 지배한 구체적이고 과학적인 단계로, 이때 수학, 천문학, 물리학, 화학, 생물학, 사회학 등의 실증주의적 학문이 성립되었다. 콩트는 실증적 상태가 가장 발전한 단계이며, 이 단계의 실증주의 학문들이 참다운 학문이라고 말했다.

이렇듯 콩트는 현대의 디지털-사이버 후기 자본주의 사회를 예견했다. 그는 인간 의식의 궁극적 발전 단계가 실증적 상태라고 보았으므로 물질과 자연과학, 황금만능주의를 긍정적으로 여겼다. 이와는 달리 니체는 현대인을 가리켜 '천민', '왜소한 인간', '종말인' 등으로 불렀다. 그리고 키르케고르는 이것과 저것의 갈림길 앞에서 결단을 내리지 못하고 일상적인 성적 쾌락이나 가족 관계에 권태를 느끼는 인간을 가리켜서 '죽음에 이르는 병'을 앓고 있는, 곧 절망으로 신음하는 인간이라고

규정했다. 또한 하이데거는 현대인을 가리켜서 '계량화의 대상'이라고
주장했다.

　"청소년이 왜 불행하냐고요? 선생님을 비롯해서 부모님도 우리를 물
건 대하듯 하니까 처음부터 어른들과 담을 쌓을 수밖에 없어요. 정말
무섭고도 불행한 사실은 친구끼리도 속마음을 털어놓을 수 없다는 거
지요. 하긴, 털어놓을 알맹이도 없지만요. 무슨 공부를 하면 성공할지,
어떤 기술을 배우면 쉽게 돈을 벌 수 있을지 자나 깨나 돈을 벌 궁리
에 푹 빠져 있거든요. 여자 친구도 남자 친구와 똑같아요. 남자 친구와
다른 점이 있다면 예뻐지고 살을 빼는 데 엄청나게 신경 쓴다는 거지
요. 아무도 믿을 수 없으니 마음이 너무 허전해요."
　"정말 질식할 것 같아요. 삶에는 낭만과 꿈이 필요하잖아요? 무엇보
다도 청소년들이 홀로서기와 창의적 발상, 비판적 생각 대신 황금에 대
한 욕망으로만 꽉 차 있는 것 같아요. 이런 사실을 아는 순간, 모두가
불행의 늪에 빠져서 구제 불능의 상태에 처해 있다는 사실만 절감하게
돼요."

　장 보드리야르는 르네상스에서 산업혁명에 이르는 고전적 시기를
지배한 도식(사물의 구조, 관계, 변화 등을 나타내는 일정한 양식)은 복
제(복사)이며 산업 사회에서 생산, 현대 소비사회에서는 코드(상징과 기
호)라고 주장했다. 이 세 가지 지배 도식을 시뮬라크르라고 하는데, 그
중 코드는 시뮬라시옹이라고 한다. 간단히 말해, 현대인을 지배하는 것

은 생명과 내용이 없는 컴퓨터나 스마트폰의 코드다. 학교에서나 집, 길거리에서나 대중교통에서, 청소년들은 스마트폰에 얼굴을 파묻고 있다. 시뮬라시옹, 즉 가상의 코드로 몰락해 버린 청소년들은 스스로가 불행하다는 사실마저 망각할 정도로 불행하다.

그렇다면 청소년들이 불행을 극복할 방법은 전혀 없을까? 행복이 무엇인지 완전히 잊어버리고, 어른이 되어서도 행복과는 까마득히 멀리 떨어져서 좌절과 절망의 삶을 살아가야만 하는 숙명을 안고 있는 것일까?

적성이
중요한 까닭

　　　　　부모들은 아이들이 크는 모습을 지켜보면서 놀랍고 신비스럽다고 여긴다. 아이가 어느새 뒤뚱뒤뚱 걷고 말하기 시작하면, 아이 엄마는 놀라면서 두 눈이 휘둥그레져서 입을 벌린다.

　"이 아이는 분명히 천재야. 애가 발음하는 것 들었어? 분명히 엄마, 아빠라고 또렷하게 말했어. 일주일 전만 해도 뭐라고 하는지 제대로 구분하기 어려웠는데, 이젠 한두 번만 들으면 간단한 단어들은 틀리지도 않고 명확하게 발음해. 우리 애는 정말 천재인가 봐."

　놀라운 사실은 대부분의 사람들이 천재에서 천치로 몰락하는 과정을 자연스럽게 밟아 가며 성장한다는 것이다. 어느 엄마가 보기에도 젖먹이 시절의 아기는 천재적이다. 그러나 아이가 유치원을 나와 초등학교에 다닐 때쯤이 되면 엄마의 생각이 조금 바뀐다. "내 아이가 천재는 아니라는 걸 인정해야지. 아무나 천재면 세상이 바뀌겠어? 그래도 내 아이가 다른 아이들에 비해 영리한 것을 보면 수재는 될 거야." 그렇지만 사람은 자신이나 자신과 가까운 사람에 대해서는 희망 사항과 현실을 혼동하는 경향이 있다.

"지하 아빠! 지하가 이번에 대학 진학에 실패해서 재수한다면서요? 지하 아빠가 딸 셋 중에서 제일 아끼고 늘 자랑했는데, 마음고생이 심하겠어요. 중학교 때는 전교에서 1~2등을 놓치지 않고 반장까지 했잖아요. 그래서 일류 대학에 진학하면 외국에 유학까지 보내서 대학교수를 만들겠다고 자랑하던 것이 엊그제 같은데……. 그런데 수시와 정시 합해서 일곱 군데나 지원했는데 안 되었다면서요? 왜 그렇게 되었지요?"

"세상만사가 제 뜻대로 되는 게 아니네요. 우리 지하가 중학교 때까지는 성적이 정말 우수했어요. 그런데 고등학교 1학년 때, 교회에서 남자 친구를 사귀더니 외모에 신경을 쓰더라고요. 그래서 제가 지하를 크게 야단쳤지요. 다 맡아 놓은 미래의 행복을 왜 제 발로 차느냐고 말이지요. 고등학교에 올라가서도 중학교 때 성적을 유지하면 일류 대학에 가는 건 따 놓은 당상인데, 얼굴 예쁘겠다, 머리도 좋겠다, 게다가 유학까지 가면 남자들이 줄을 설 거라고요. 벌써부터 연애질에 빠져서 성적이 중간 이하로 떨어졌으니 일부러 불행을 찾아가는 셈이라고 잔

소리를 퍼부었더니 더 빗나가더라고요. 이제는 정신 차리고 재수한다니 믿어 보는 수밖에 없죠. 입시 학원에는 열심히 다니지만, 화장까지 하는 걸 보면 남자 친구들과 여전히 만나는 것 같아요. 부모로서 걱정이 태산이네요. 다 팔자가 있나 봐요. 한때는 우리 지하가 천재인 줄 알았는데, 이제는 골칫덩어리예요."

스위스의 아동 심리학자 피아제에 의하면, 아이들은 8세가 되면 추상적인 생각을 할 수 있다고 한다. 예컨대 7세 아이에게 1~2킬로미터 떨어져 있는 가게까지 가는 복잡한 길을 가르쳐 주고 심부름을 시키면 다녀올 수는 있지만, 집에서 가게까지 가는 길을 그리지는 못한다. 그런데 8세 아이는 심부름을 다녀올 뿐만 아니라 집에서 가게로 가는 길을 그릴 수도 있다. 이렇듯 추상적으로 생각할 수 있다는 것은 자아 개념을 가지게 되었다는 뜻이다. 7세까지는 부모가 아이들을 뒷바라지하는 데 신경 쓰고 여러모로 도와야 하지만, 8세부터는 자아 개념이 형성되기 시작하므로 아이는 홀로서기를 준비해야 한다. 그렇지 않으면, 나중에 성인이 되어 성숙해지기 힘들다.

무엇보다도 청소년 시절에 미리 적성을 발견하고 갈고닦을 수 있다면 행복한 삶을 맞이할 수 있을 것이다. 그러므로 청소년은 부모와 함께 적성을 발견하고 개발하려 노력해야 한다. "곰도 구르는 재주는 있다"는 말처럼, 누구나 재주를 가지고 있으므로 과연 얼마나 빨리 발견해서 잘 다듬느냐 하는 것이 관건이다. 그래서 적성 검사를 받을 필요가 있다. 물론 그 결과가 한 치의 오차도 없다고 할 수는 없지만, 참고 자

료는 될 것이다. 그리고 부모님이나 선생님과도 적성에 관해 긴밀하게
대화를 나누어야 한다.

"인간의 위대한 점은 뱃속에 있을 때부터 죽을 때까지 가르치고 배
운다는 거예요. 지금은 고등학생, 중학생이 된 남매를 임신했을 당시
태교에 온갖 정성을 기울였어요. 그리고 시간이 날 때마다 평온한 마
음으로 고전 음악을 들었지요. 뱃속의 아이와 함께 듣는다는 마음으
로 하루도 빠짐없이 말이에요. 그래서 그런지 두 아이 모두 예술학교에
서 음악을 전공하고 있어요. 글쎄, 두 아이 모두 음악이 없으면 못살겠
다는 거예요. 태교가 그만큼 중요한가 봐요."
"누구나 그렇게 자신의 적성을 빨리 발견해서 단련시킬 수 있으면 얼
마나 좋겠어요? 사람은 적성에 맞는 일을 할 때 기쁨을 느끼며 만족하
고 행복감에 젖어요. 공부를 잘해서 일류 대학에 진학해야만 성공하
는 세상은 이미 지나갔어요. 장차 어떤 직종에 종사하든지, 일찍부터
자신의 적성을 찾아 갈고닦는 사람이 사회적으로 성공하고 행복할 거
예요."

먹고살기 위해 적성에도 맞지 않고, 싫어하는 일을 평생 해야만 한다
면 그 사람의 삶은 더없이 불행할 것이다. 그런데 좋아하는 일과 적성에
맞는 일이 일치할 수도 있지만, 다른 경우도 있다. 그러므로 내가 좋아
하는 일이 곧 적성에 맞는 일이라고 생각하는 것은 바람직하지 않다.

"청소년들은 적성을 빨리 발견할수록 좋아. 이 아빠의 말을 잠시 들어 주렴. 친구가 있는데, 외아들인 데다 어릴 때부터 머리가 좋아서 부모님 기대가 대단했지. 그래서 일류 대학 불문과를 졸업하고 불어학으로 박사 학위까지 받은 후 대학교수가 되었어. 불문학은 어려워서 싫고 불어학은 문법을 꼬치꼬치 따져서 싫었지만, 불어학으로 논문을 쓰기가 쉬워서 그랬다는 거야. 그런데 이 친구는 테니스나 골프 같은 운동이 적성에 맞았고, 학문은 적성에 맞지 않는다는 것을 알게 되었어. 그래서 술만 먹으면 '내가 왜 사는지 모르겠어. 불어학도, 불문학도 다 싫어. 나는 교수 체질이 아냐. 그러니 집어치워야지'라며 푸념했지. 그러던 어느 날, 갑자기 같은 대학의 영화학과 교수가 되었어. 일부 사립대

학에서는 그런 일도 가능한가 봐. 그러고도 여전히 교육은 자기 적성에 맞지 않는다고 한탄하고 다녔어. 그런데 이런 사람이 어디 그 친구뿐이겠어? 헤아릴 수 없이 많은 사람들이 자신의 적성을 제대로 찾지 못하고 전혀 맞지도 않는 일을 하면서 고통스러워하지 않을까?"

"반대로 적성에 전혀 맞지 않는데도 그 사실을 모르고 어떤 일에 몰두하면서 좋아하는 사람들도 있어요. 예컨대 심한 음치가 노래를 듣고 부르기를 정말로 좋아한다고 쳐요. 이런 사람이 성악가로 성공하려 한다면 어떻게 될까요? 적성이란 건 좋아하거나, 최소한 싫지 않으면서도 잘할 수 있는 일이어야 하는 것 같아요."

어떤 치과 의사는 40대 중반에 치과를 접고 손칼국수 집을 열었다. 그는 면을 손수 뽑으면서 흥겨운 노래에 장단을 맞추는 것이 매우 행복하다고 한다. 늦게나마 적성을 찾은 것이다.

기업에서도 마찬가지다. 어떤 회사에서 보너스를 더 주면서 생산을 독려했더니, 잠시 동안은 사원들이 행복해하며 열심히 일했지만, 얼마 지나지 않아 생산량은 예전 수준으로 돌아갔다고 한다. 그러나 다른 회사에서는 보너스 대신 사원 각자가 적성에 맞는 부서에서 일하게 했더니 꾸준히 생산량이 늘어났다고 한다. 그러니 돈을 많이 버는 것보다 적성에 맞는 일을 하는 편이 더 행복하다는 말이 된다.

한 의대생이 참을 수 없는 두통 때문에 오랫동안 괴로워했는데, 병원을 여러 군데 찾아다녔지만 원인

> **프로이트(1856~1939)**
> 오스트리아의 신경과 의사이자 정신분석의 창시자로, 최면을 통해 인간의 마음에는 무의식이 존재한다고 밝혔다. 꿈과 같은 정상 심리에도 연구를 확대하여 심층심리학을 확립했다.

을 알 수 없었다. 프로이트*는 의대생과 그 아버지와 몇 차례 면담한 후, 이렇게 말했다. "학생의 심층 의식에 무의식적으로 억압되어 있는 것은 그림을 그리고 싶은 욕망이에요. 학생과 아버님도 모르는 사이에 너무 강하게 그 욕망을 억압하다 보니 두통이 심해진 겁니다. 지금이라도 미술대학에 보내세요." 의대생은 얼마 후 미술대학에 입학했고, 두통에서 벗어나 행복하게 지냈다고 한다.

자기 자신을 탐구할 줄 아는 청소년은 자신의 적성을 빨리 찾을 것이다. 또한 적성을 가꾸고 실현시키는 것은 행복의 지름길인 셈이다.

가치관의 혼란과
불확실한 미래

우리 청소년들이 불행할 수밖에 없는 이유
는 너무도 많지만, 무엇보다도 가정이 삭막하기 때문이다. 물론 소년,
소녀 가장으로 어려운 환경에서도 밝고 굳세게 살아가는 청소년도 있
다. 머지않아 그들이 겪어야 할 시련을 생각하면 안타까운 마음을 금
하기 어렵지만 말이다. 그런데 어떤 가정은 오로지 먹고사는 데만 바
빠서 부모와 자식들이 대화는커녕 서로 얼굴 보기도 힘들다.

"팔자라는 것이 있나 봐요. 나와 동생은 대화할 상대가 없어요. 엄
마는 식당 일과 파출부 일을 하느라 바쁘기도 하고, 병치레가 잦아서
정신이 없어요. 아빠는 아파트 경비로 언제나 피곤하고, 간과 콩팥이

나빠서 자주 병원에 들락거리고 약을 먹지 않아도 되는 날이 없어요. 나도 고등학생이지만 편의점이나 커피 전문점에서 아르바이트를 해야 해요.

미래의 꿈이 있다면, 대학에 진학해서 경영학을 공부하는 거예요. 몸에 밴 가난이 너무 싫거든요. 엄마와 아빠가 아픈 것도 돈이 없어서예요. 그러니 엄마, 아빠 병도 고쳐 주고, 식구끼리 함께 여행도 가려면 돈을 벌어야지요."

생활하면서 만족과 기쁨을 느끼는 흐뭇한 상태가 행복이다. 다시 말해, 쾌감의 감정을 바탕으로 하는 지혜, 용기, 절제, 선, 협력, 관용, 사랑, 믿음, 소망 등이 종합된 상태를 행복이라고 할 수 있다. 그런가 하면 불쾌감을 바탕으로 하는 증오, 불신, 배신, 분노, 불화, 슬픔 등이 종합된 상태를 불행이라고 할 수 있다.

감정은 신체의 흥분 상태를 경험적으로 의식한 내용이고, 정서는 행동이라는 반응을 수반하는 심리 상태다. 쾌감과 불쾌감은 기본적인 감정으로, 쾌감을 바탕으로 긍정적인 감정들이 종합될 경우 행복을 맛보게 된다. 반대로 불쾌감을 기초로 하여 부정적 감정들이 합쳐지면 불행하다고 느낀다.

청소년들을 불행하게 만드는 요소는 수없이 많다. 가정, 외모, 돈, 권력, 명예, 대학 입시, 건강, 부익부빈익빈, 사회의 부정부패와 불의, 어른들의 불신과 거짓말, 사회 도처에 만연한 불공정함……. 헤아릴 수 없이 많은 부정적 요소들이 청소년들의 영혼 깊은 곳에서 불쾌감을 토대로 삼아 부글부글 끓어오른다. 이렇게 불행의 소용돌이 속에서, 청소년들은 무엇이 선이고 악인지, 무엇이 진리이고 허위인지, 무엇이 아름답고 추한지에 대한 가치관의 혼란을 끊임없이 겪으며 정신을 차릴 수가 없다.

"유전무죄 무전유죄(有錢無罪 無錢有罪)◆라는 말이 농담이 아니에요. 벌써 20년도 더 지난 일인데, 이제야 대통령 비자금을 추징한다면서 검찰에서 정의의 칼날을 들이댄다고 하네요. 과거에 대통령이 재벌에게서 정치 자금을 받아 비자금으로 쓰다가 남은 돈마저 개인적으로 소유했거든요. 그래서 2천억 원이 넘는 엄청난 돈을 추징한다고 했다가 그 일부만 받은 후 어영부영 정권이 몇 번이나 바뀐 거예요. 그동안 정의의 칼날이 녹이 너무 슬어서 들지 않았나 봐요."

"얼마 전에는, 재벌이 자식에게 편법으로 재산을 물려주고 엄청난 액수의 세금을 포탈했다고 해서 집행유예 2년 형을 받았다가, 얼마 지나지 않아 대통령 특별사면을 받고는 모든 죄가 없던 일이 되고 만 적도 있어요. 사회 곳곳이 겉으로는 공정하게 잘 돌아가는 것처럼 보여도, 속을 들여다보면 너무 썩었다고들 하네요. 국회의원들은 서민의 세금 부담을 줄이자고 말로만 떠들면서, 기회 있을 때마다 은근슬쩍 자기들 월급만 올린대요."

사회 도처에 암울하게 도사리고 있는 가치관의 혼란과 불안한 미래는 청소년들을 불행하게 만든다. 특히 황금만능주의와 인간에 대한 불신은 무엇이 옳고 그른지, 인간으로서 마땅히 따라야 할 도덕과 원칙은 무엇인지, 그리고 어떤 앞날을 꿈꾸고 만들어 나가야 할지 알기 어렵게 한다.

　청소년들은 혼란한 현재와 불안한 미래의 상황을 구체적이지는 않지만, 알게 모르게 느끼기 때문에 불행하다. 스마트폰에 푹 빠져 있는 청소년들은 디지털 가상공간에서 빠져나와 홀로서기를 해야 한다는 사실을 알면서도, 불안한 미래 앞에 질식할 것이 뻔하다고 예감한다. 그래서 아무것도 모르는 척 다시 스마트폰에 얼굴을 파묻는다.

　"청소년들의 불행에 대해 아무도 책임을 지려고 하지 않습니다. 학연, 지연, 혈연을 없애고, 취업에서도 대학의 격차를 무시하자고 말은 하죠. 그렇게 주장하는 어른들은 자기들의 자녀는 일류 입시 학원에 보내고 일류 대학에 진학시키며 외국 유학까지 보내면서, 기득권을 끈질기게 놓지 않으려고 합니다. 부자들 중에는 심지어 어린 손자들에게도 몇 억, 몇 십억의 주식을 나누어 준 사람도 있다고 해요."

　"오직 내 자식, 내 손자, 내 핏줄만 중요하다는 근시안적 사고방식을 가진 사람들이 재벌 기업을 경영하고 국회나 정부의 고위직에서 일한다면, 그런 사회에서 청소년은 아무런 희망도 기대할 수 없고 캄캄한 불행만 느껴요. 나와 남이 인격을 지닌 인간으로서 더불어 살아가고 있으며, 내 자식이나 남의 자식이나 다 같이 고귀한 인격체임을 깨닫는 공동체 의식이 절실히 필요해요. 물론 자신이 행복한 것도 중요하지요. 그러나 나와 남이 함께 행복한 것이 진짜 행복이고, 오로지 자신만 행복하다면 결국에는 불행에 빠질 수밖에 없어요."

청소년들이 불행한 것은 공동체 의식, 곧 시민 의식의 성숙을 위한 첫 출발이 아직 이루어지지 않았기 때문이다. 어디에서부터 물꼬를 틀 것인가? 한 가지 방법이 있다면, 공동체 의식이 구체적으로 성숙할 수 있도록 다양한 형태의 시민운동을 활발히 전개하여 시민 의식이 눈뜨게 하는 것이다. 시민 의식이란 자유·평등·박애의 정신이며, 이런 정신이 살아 움직일 때 청소년들은 행복의 문으로 향할 것이다. 행복은 땅 짚고 헤엄치기 식으로 아무런 노력도 없이 쉽게 얻을 수 있는 열매가 아니기 때문이다.

생각해 볼 문제

❶ 가정이 왜 윤리적 기초인지 이야기해 보자. 가정과 사회와 국가의 윤리는 어떤 것일까?

❷ 사람이 배우는 궁극적인 목적은 무엇일까? 출세와 성공 이외에 어떤 것이 있을까?

❸ 여러 종류의 사랑에 관해 이야기해 보자. 바람직한 이성과의 교제란 어떤 것일까?

❹ 현대 문명의 장점과 단점을 간략히 나열해 보자. 미래 지향적인 문명은 어떤 모습일까?

❺ 자신의 적성이 무엇인지 확인해 보고, 어떻게 적성을 개발할 것인지 구체적으로 생각해 보자. 아직 적성을 찾지 못했다면 친구나 부모님, 선생님에게 상의하고 도움을 받아 보자.

❻ 가치관이 혼란스러워지면 왜 미래가 불안해지는지 몇 가지 예를 들어 설명해 보자.

The Art of **2장** Happiness

어떤 아름다움을
추구할 것인가

인류는 길고 긴 역사를 통해 진리와 선과 아름다움의 문화를 창조해 왔으며, 그러한 문화에 의해 인류 자신이 재창조되는 과정을 무수히 되풀이했다. 그러나 완전하고 절대적인 진리와 선과 아름다움은 단지 이상일 뿐, 현실이 아니다. 이상은 이상대로 놓아두고 현실을 이상에 가깝게 만들기 위해 여러 차원에서 끊임없이 노력할 때, 비로소 아름다운 인간의 모습이 드러난다.

외모 만능주의의 덫

현대인을 일차원적 인간이라고 하는 것은 현대인이 다양한 삶의 길이 있음을 망각하고 오로지 하나의 길만을 절대시하며 걸어가고 있기 때문이다. 이를 나는 만능주의의 길이라고 부른다. 만능주의의 길은 다른 길을 도외시하고 잊어버리게 만든다. 황금, 물질, 과학, 외모 등의 길만을 충실히 따라가는 사람들은 출세와 성공을 한꺼번에 거머쥐려 발버둥 친다. 돈과 명예와 권력, 외모는 떼려야 뗄 수 없는 관계여서, 출세하고 성공하고픈 청소년들은 이것이 행복의 필수 조건이라고 철석같이 믿는다. 특히 외모는 청소년들에게 가장 큰 관심의 대상이다.

"요새 세상은 말 그대로 황금만능주의가 판치고 있어. 황금만능주의는 그 속에 물질 만능주의, 과학 만능주의, 외모 만능주의를 모두 포함하지. 최근에는 남녀노소를 불문하고 외모 만능주의에 중독되어 있는 것 같아. 우리나라 사람들이 세계에서 성형수술을 제일 많이 해서인지 몰라도, 성형외과 의사들의 기술 역시 세계 1위래. 성형수술을 하는 이유야 많아. 취직하기 위해서, 애인을 사귀기 위해서, 결혼하기 위해서, 늙는 것이 싫어서, 더 아름다워지고 싶은 욕망을 만족시키기 위해서 많은 사람들이 성형수술을 원하는 거야."

"나도 성형 반대론자는 아니야. 남에게 호감을 주지 못하거나 놀림감이 되어서 사회생활이 힘들 정도의 외모라면 당연히 성형수술을 해야겠지. 그렇지만 누가 보아도 멀쩡한 얼굴인데도 더 아름다워지기 위해서 특정 연예인처럼 성형수술 하기를 원하는 사람이 있다면, 거기엔 정신적인 문제가 있다고 봐. 그리고 취직하기 위해서, 또는 애인을 사귀기 위해서 성형수술하는 것도 문제가 많아. 실력이 있고 인간 됨됨이가 훌륭하면 되지 멀쩡한 얼굴에 칼질을 하다니, 그게 정상적인 사람이 할 짓이야?"

"나는 생각이 좀 달라. 청소년들이 외모에 관심이 많은 것도 사실이고, 그건 또 당연한 거거든. 스스로 보기에 멋있고, 또 남들이 보기에도 예쁘면 기분 좋잖아. 게다가 또래의 이성들이 자신을 아름답다고 하면 그처럼 기쁜 일도 없을 걸. 거기다 방송 매체에 등장하는 아이돌 그룹의 젊은 남녀 가수들이 노래와 춤 실력만이 아니라, 무엇보다도 아름다운 외모 때문에 돈과 인기와 명예 그리고 권력까지 거머쥐게 되었다는 엄연한 사실을 누가 알려 주지 않아도 청소년들은 잘 알고 있어."

"맞아. 청소년들도 알 건 다 알아. 중·고등학교 시절은 아직 성장기이기 때문에 성형수술 하고픈 욕심을 참고 있을 뿐이지. 그러니 고등학교를 졸업하면 당장 성형외과로 달려가기만을 꿈꾸며 수없이 잠 못 이루는 밤을 보낸다고. 성형에 대한 청소년들의 소망은 지극히 자연스러운 것이 아닐까? 여자라면 나이에 상관없이 누구든 본능적으로 아름다워지려 하고, 그건 남자도 마찬가지야. 그러니까 성형에 대해서 부정적으로만 말하는 것도 정상은 아니라고 봐."

남자나 여자나 자신의 할 일은 접어 두고 외모에만 신경 쓰는 사람들이 있다. 오래전 일인데, 한 대학의 영문과 교수는 자타가 인정하는 멋쟁이여서 옷은 물론이고 양말과 구두까지 명품 상표가 박힌 고가의 물건만 걸치고 다녔다. 그런데 어느 술자리에서 사실은 이태원의 명품 상표 파는 가게에서 상표만 사서 달은 것뿐이라고 실토했다. 동료가 대학교수나 되는 사람이 왜 그러는지 묻자, 멋있고 아름답게 보이기 위해서라고 말했다.

우리 사회에는 외모 만능주의가 상당히 깊게 뿌리박혀 있다. TV 프로그램에서 어떤 중년 남자가 딸이 엄마를 닮아 못생겼다며 수시로 욕하고 야단치는 모습이 방송된 적이 있을 정도다. 한편, 케이블 TV에서는 매주 〈렛 미인〉이라는 프로그램을 방송한다. 성형수술과 다이어트, 운동을 통해 얼굴과 몸매에 자신이 없는 젊은 여성들을 절세미인으로 거듭나게 하는 프로그램이다. 미녀로 재탄생하여 당당해진 여성을 보

고 관객들은 놀라곤 한다. 그리고 그 주인공은 마치 천국의 행복을 얻은 것처럼 기뻐한다. 또한 요즘 길거리 어디에서나 요가, 댄스, 헬스클럽 등을 요란하게 선전하는 광고 전단지를 쉽게 볼 수 있다. 그리고 TV 채널마다 S라인이니, 몸짱이니 하며 요란하게 떠들어 댄다.

외모 만능주의의 문제점은 다음의 몇 가지로 짚어 볼 수 있다. 첫째, 외모 만능주의 사회에서는 사람을 볼 때 외모에만 치중하므로 표면적이며 피상적인 평가에 그치기 쉽다. 둘째, 외모 만능주의는 개인적인 이기심과 지배욕의 결과이므로, 외모 만능주의 사회에서는 공동체 의식이 결여되기 쉽고 주체적 인간들 사이의 의사소통이 이루어지지 않는다. 셋째, 외모 만능주의 사회에서는 주체적인 인간의 인격이 소홀하게 다루어지기 때문에 인간을 목적으로 여기지 않고 수단으로 여기는 인간 경시 풍조가 만연하기 쉽다. 그리고 외모 만능주의에 빠진 사람들은 공동체 사회에서의 책임과 의무와 권리를 소홀히 하고 외모에만 관심을 쏟기 때문에, 외모를 가장 중요한 삶의 요소로 여기는 사람들이 많은 사회는 병들게 된다.

"얼굴과 몸매의 아름다움과 건강을 위해 성형수술을 하고 다이어트를 하며 열심히 운동하는 자체는 좋은 일이야. 그런데 뭐가 문제냐고? 의외로 성형 중독에 빠진 사람들이 많다는 거지. 가정의 경제 형편은 뒷전으로 하고 있는 돈, 없는 돈 다 긁어모아 여기저기 계속 성형수술하는 것은 성형 중독이야. 또 건강은 아랑곳하지 않고 몸을 해칠 정도로 다이어트하는 것도 큰 문제고. 운동 중독에 빠진 사람들도 많아. 헬스장이나 골프장에서 일상생활에 지장을 줄 정도로 많은 시간을 보내는 사람들도 있더라니까."

"중독이든 아니든 간에, 사람들은 성형수술을 통해 아름다워져서 자기만족을 찾고 행복해지려 하는 거야. 다이어트나 운동도 마찬가지고. 외모의 아름다움에 신경 쓰는 것은 지극히 당연한 일이지. 그렇다고 해서 정신적으로 문제가 있다느니, 사회가 병들었다느니 하는 것은 너무 심한 비약이 아닐까? 우리나라도 수출 10대 강국이 되었고, 이만하면 경제적으로도 다른 나라에 뒤지지 않잖아? 그러니 먹고사는 문제 이상의 아름다움을 추구하는 것도 이해할 만한 일이라고 봐."

"외모의 아름다움을 통해서 행복해지는 것 자체는 긍정적이고 좋은

소크라테스
(BC 470~BC 399)
기원전 5세기경에 활동한 고대 그리스의 대표적인 철학자로, 문답법을 통한 깨달음, 무지에 대한 자각, 덕과 앎의 일치를 중시했다. 아테네의 정치 문제에 연루되어 사형 판결을 받았다.

일이지만, 참다운 행복은 홀로 쾌감을 느끼는 이기적이며 주관적인 상태가 아니야. 인간은 어디까지나 역사적·문화적·사회적 동물이야. 타인을 무시하고 혼자서만 쾌감을 느낀다면, 그런 쾌감은 타인들에게 불쾌감을 주기 쉬워. 다른 사람들은 불쾌감을 느끼고 불행한데, 혼자서만 행복할 수 있겠어?"

사람들이 조금만 더 여유를 가지고 삶을 되돌아본다면, 혼자만의 행복이 아니라 모두의 행복이 참다운 행복이라는 사실을 깨달을 것이다. 자발적이고 창의적이며 비판적인 주체적 인간의 삶이 중요하다는 것을 깨닫는 순간, 외모 만능주의의 허상을 깨뜨리고 몸과 마음이 의미와 가치로 충만한 인간미를 키워 나갈 수 있을 것이다. 소크라테스˚는 어떤 행동을 하기 전에 항상 한곳에 서서 깊이 사색하는 습관이 있었다고 한다. 하루에 단 5분 만이라도 삶에 대해 깊이 사색할 수 있다면 외모 만능주의의 덫에서 쉽사리 빠져나올 수 있을 것이다.

성형수술, 사회 권력을 향한
소리 없는 아우성

강남이나 압구정 거리를 걷다 보면 간판
이 어지럽게 늘어서 있는데, 그중에서도 성형외과 간판이 매우 많다.
게다가 피부과와 한의원도 피부 성형이니, 체형 관리
등을 내세워 외모를 가꾸는 데 동참하곤 한다.

서양에서는 18세기 초에 인간의 능력을 이성과 감
정과 의지로 구분했는데, 이성이 알 수 있는 최고의
것이 진리이고, 의지가 원할 수 있는 최상의 것이 선
이며, 감정이 누리는 최고의 것이 아름다움이라고 했
다. 그래서 칸트*도 『순수이성비판』과 『논리학』에서
'무엇을 알 수 있는가, 무엇을 행해야만 하는가, 무엇

> **칸트(1724~1804)**
> 독일의 철학자로, 서유럽
> 근세 철학의 전통을 집대
> 성하였다. 사물의 본질, 존
> 재의 근본 원리를 사유나
> 직관에 의해 탐구하는 전
> 통적인 형이상학을 비판하
> 며 비판철학을 탄생시켰
> 다. 『순수이성비판』, 『실
> 천이성비판』, 『판단력비
> 판』 등을 집필했다.

을 원해도 좋은가' 하는 세 가지 물음을 제시하고 그 답을 찾으려 했다. 그 결과, 인간은 진리를 알 수 있고, 선을 행해야만 하며, 아름다움과 신을 원할 수 있다는 것이 칸트가 생각해 낸 답이었다.

"성형수술을 왜 하느냐고? 누구나 수술이 조금만 잘못되어도 끔찍한 부작용이 생긴다는 것은 알고 있어. 비교적 간단하다는 쌍꺼풀 수술이나 코 수술도 심각한 부작용을 초래할 수 있고, 하물며 양악 수술이나 안면 거상 수술이 잘못되면 그 부작용은 말로 표현하기 힘들 거야.

불법 성형 시술로 얼굴이 선풍기만큼 부풀어 오른 사람 이야기를 비롯해서 안면 윤곽 수술을 받다가 마취에서 깨어나지 못하고 사망한 예 등은 성형수술이 그다지 쉽고 간단한 게 아니라는 사실을 보여 주지. 그런데 이를 뒤집어 생각해 보면, 끔찍한 성형 부작용에도 불구하고 성형수술을 감행한다는 것은 아름다움에 대한 인간의 욕망이 그만큼 강렬하다는 증거일 거야."

"우리나라는 성형 천국이야. 나는 성형 전문가도 아니고 성형에 대해서는 잘 모르지만, TV에서 연예인을 보거나 길거리에서 젊은 여성들을 볼 때 눈 뒤트임을 했는지 앞트임을 했는지, 코 수술을 했는지, 쌍꺼풀 수술을 했는지는 금방 알아볼 수 있어. 내가 보기에 자연스러운 경우와 부자연스러운 경우는 반반이더라고. 누구나 예뻐지려고 수술했겠지만 비슷한 눈, 비슷한 코를 가진 젊은 여자들 여럿이 모여 아름다움을 한껏 뽐내면서 행복한 미소를 짓고 있는 모습을 보면, 기쁘기도 하지만 서글픈 마음이 앞서는 것을 참을 수 없어."

수도권 신도시 중심부에서 이름난 어떤 의사는 40대 초반인데도 안면 거상 수술 분야에서 뛰어나다고 평이 자자하다. 원래 대학 병원에서 재건 성형외과 전문의로 일하면서 정형외과, 일반외과 의사들과 함께 교통사고로 크게 다친 환자, 각종 사고로 얼굴이나 신체 일부를 급히 수술해야 하는 환자, 안면이나 신체 일부가 선천적으로 기형인 환자들을 수없이 수술했다. 그렇게 일한 7년 동안 한번 수술실에 들어가면 서너 시간은 보통이고 어떤 때는 일고여덟 시간이나 걸리는 어렵고 힘든 수술을 담당했다. 그러나 개인 병원을 차린 후로는 주로 미용 성형만 담당했는데, 과거와는 비교도 할 수 없을 정도로 수입이 좋아졌다. 스스로 여성들의 아름다움을 위해 봉사하는 성형 의술의 천사라고 자부하면서, 이제야 자신이 행복한 삶을 꾸려 가고 있다고 확신한다.

미용 성형은 20세기 초 미국의 할리우드에서 아름다움과 대중의 인기 그리고 상업주의가 결합하면서 여배우들 사이에 유행하기 시작했다. 오늘날에는 우리나라를 비롯해서 중국과 일본이 미용 성형의 천국이 되었다.

"요새 도처에 있는 성형외과는 미용 성형외과예요. 오직 아름다워지려는 목적으로 신체의 일부 또는 여러 부분을 수술하기 때문에 미용 성형에는 의료보험이 적용되지 않아요. 그래서 성형수술은 전부 장삿속이라는 비난을 많이 받지요. 성형외과의 원조는 재건 성형이었어요. 그러니까 태어날 때부터 기형이거나 크게 다친 사람을 수술해서 치료하는 게 성형외과의 모태였다는 말입니다. 그런데 아름다움에 대한 사람들의 갈망이 강해지면서 재건 성형에서 미용 성형으로 전환되었던 거지요."

"청소년들은 성형수술의 긍정적인 측면과 부정적인 측면을 모두 잘 알아야 성형의 환상에서 깨어날 수 있어요. 특히 한창 민감한 나이의 일부 여학생들은 고등학교만 졸업하면 성형하리라는 꿈에 부풀어서 얼굴의 어떤 부분을 어느 배우나 탤런트처럼, 어느 성형외과의 어떤 의사에게 가서, 얼마의 비용을 들여 수술해야 할지 훤하게 알고 이미 자료 정리까지 마쳐 놓았다고 하더라고요. 그러나 성형한다고 해서 반드시 행복해지는 것은 아니에요. 청소년들은 도대체 아름다움이 무엇인지, 왜 외모 만능주의가 판치고 너도 나도 성형수술의 꿈에 빠져 있는지 그 이유를 정확히 알아야 해요. 스스로 충분히 생각한 후 친구들, 부모님 또는 선생님과 토론을 거쳐 성형수술에 대해 어떤 태도를 취할지 결정한다면 그런 청소년은 힘차게 홀로서기를 할 수 있겠죠."

독일의 계몽철학자 칸트는 아름다움의 개념이 기호(嗜好) 판단에 의해 형성된다고 말했다. 기호 판단은 이해관계와 상관없이 대상을 판단하는 능력으로서 맛 판단이라고도 한다. 이해관계와 상관없이 마음에 드는 것은 아름답다. 그러므로 보편적으로 마음에 드는 것은 아름답다. 또 목적을 생각하지 않고 형식에 따라 합목적적(合目的的)으로 여겨지는 것은 아름답다. 예컨대, 꽃은 나와의 이해관계가 없고 그 목적을 전혀 따지지 않지만 모양이나 색깔 등 형식만 보고도 아름답다고 느낀다.

대상이 가진 형식의 조화는 자유로운 아름다움
이다. 아름다움에 관한 이론은 플라톤*, 아우구스티
누스*, 칸트, 헤겔 등 철학자에 따라 다르지만, 일반
적으로 자연미와 예술미를 구분해서 이야기한다. 또
아름다움의 성격에 따라 아름다움을 비장미(悲壯
美), 해학미(諧謔美), 골계미(滑稽美), 추미(醜美) 등으
로 나눌 수도 있다. 슬프고도 장엄한 아름다움이 있
는가 하면, 익살과 풍자가 섞인 아름다움도 있고, 우
습고 재미있는 아름다움, 얼른 보기에는 추해도 조
화를 갖춘 아름다움도 있다.

미용 성형에 지대한 관심을 가지고 어떤 대가를
치르더라도 수술하려는 사람들은 자신감 내지 자기
만족을 충족시키기 위해 수술하는 경우가 많다. 그
들은 남들이 예뻐졌다고 하면 자신도 만족하고 자신감이 생길 것이라
고 믿는다. 친구 따라 강남 간다는 말이 있지만, 자신의 존재 의미와 가
치를 확실히 하기 위해서가 아니라 주관적인 자기만족을 위해 위험천
만한 성형수술을 겁 없이 하려 든다.

"누가 보아도 정말 잘생긴 남녀가 첫눈에 반해서 곧장 결혼해 버렸
대. 결혼하자마자 임신해서 출산했는데, 아기가 너무 못생긴 거야. 남편
과 아내는 아기를 가운데 두고, 얼굴을 전부 뜯어고치고 성형한 주제
에 무슨 할 말이 있느냐고 서로 욕하면서 싸웠다지 뭐야."

플라톤
(BC 427~BC 347)
소크라테스의 제자로, 그
리스의 철학자이다. 객관
적 관념론을 창시해 서양
철학에 큰 영향을 미쳤다.
아카데미아라는 학교를 열
어 후학을 양성했고, 많은
저서를 남겼다.

아우구스티누스
(354~430)
초대 그리스도교 교회가
낳은 위대한 철학자이자
사상가로, 고대 문화 최후
의 위인이라고 칭송받는
다. 중세의 새로운 문화를
탄생시킨 선구자이며, 대
표적인 저서 『고백록』에서
신과 영혼에 대해 논했다.

"요새 의사들은 전문의 과정을 택할 때 외과나 산부인과, 기초의학 분야는 거의 외면한대. 가장 선호하는 전문의 과정은 성형외과, 피부과, 안과 등이래. 왜냐고? 그거야 돈도 많이 벌고 힘도 덜 들어서 그렇다지?"

청소년 시절은 감정의 기복이 심하고, 귀가 얇아서 남의 말을 잘 믿기 쉬우며, 돈과 권력과 명예가 삶의 어려운 문제들을 도깨비방망이처럼 해결해 주리라고 믿기 쉽다. 그리고 암암리에 육체의 아름다움을 일종의 권력이라고 믿기도 한다. 이렇듯 비판적 사고가 결여된 행동은 창조적 생명력이 없으므로, 사회 권력을 얻기 위한 성형은 순간적인 돌연변이 잡종을 만들어 낼 뿐이다.

진리와 선과 아름다움이 조화를 이루는 인간과 그러한 사회에서의 아름다움은 진정한 의미와 가치를 지닌다. 따라서 성형수술로 추구하려는 아름다움 역시 공동체 사회의 진리 및 선과 조화를 이룰 때 참다운 가치를 지닐 것이다. 오직 나만을 위한, 나의 쾌감만을 위한, 나만의 이익을 위한 아름다움은 인간 존재의 의미를 허무로 몰아넣는 질병에 지나지 않음을 잊지 말자.

나만의 진선미를
찾아가는 길

인간은 문화의 창조자이자 피조물이기도
하다. 사회적 존재로서 인간은 창의적으로 문화를 창조하고 자신이 창
조한 문화에 의해 재탄생되며 삶의 흔적을 이어 간
다. 문화는 도덕, 학문, 예술, 종교 등 네 가지 핵심 내
용으로 이루어져 있고 정치, 경제, 법, 산업, 기술, 정
보, 아이디어 등은 이 네 가지 내용을 구성하는 중요
한 요소다.

데카르트(1596~1650)
프랑스의 수학자이자 철학
자로, 근대 철학의 아버지
라 불리며 해석 기하학의
창시자다. 모든 것을 회의
한 다음, 이처럼 회의하는
자신의 존재가 명석하고 분
명한 진리라고 여겨서, "나
는 생각한다, 고로 존재한
다"라는 명제를 철학의 기
초로 삼았다.

　플라톤이나 데카르트*와 같은 철학자들은 수학의
진리는 영원불변하므로 인간이 만든 것이 아니라고
주장했다. 또한 데모크리토스*, 에피쿠로스*, 마르크

스˙와 같은 철학자들은 만물의 근원을 물질로 보고 모든 정신 현상도 물질의 작용이거나 산물이라는 유물론을 내세웠다. 이는 고대 그리스의 원자론에서 비롯하여 근대의 기계적·자연과학적·변증법적 유물론에 이르렀다. 또한 어떤 사람은 마르크스의 유물론 역시 마르크스가 물질을 자신의 생각에 의해 파악하고 이름 붙인 관념론적 유물론에 지나지 않는다고 말한다. 숫자나 더하기, 빼기와 같은 수학적 요소들은 영원한 것 같지만, 수학의 요소들 역시 인간들이 생각해 내서 발전시킨 것이다.

"넓게 보면 행복도 문화의 한 요소야. 옛날 우리의 선조들은 오복(五福)을 갖춘 사람은 행복한 사람이라고 했어. 오복은 수(壽), 부(富), 강녕(康寧), 유호덕(攸好德), 고종명(考終命)의 다섯 가지인데, 풀어서 말하자면 수는 오래 사는 것이고, 부는 돈이 많은 것이고, 강녕은 건강하고 안녕한 것이며, 유호덕은 덕스러운 행동을 좋아하는 것이고, 고종명은 살 만큼 살다가 편하게 죽는 것이야. 유호덕은 공동체적이고 사회적인 성격이 강하지만, 나머지 네 가지 복은 주관적이며 개인적인 성격이 강해."

"우리는 오랫동안 농경 생활에 물들고 익숙해져서, 가족 중심적인 사

고방식과 개인 중심적인 생각에 젖어 있어. 사실 서
양식의 개인주의나 공동체 의식은 아직 우리에게 익
숙하지 않아. 교회나 사찰에 다니는 사람들도 개인
중심적이고 가족 중심적이야. 그러니까 사람들이 원
하는 것 역시 개인이나 가족의 행복이고, 솔직히 타
인들의 행복에는 별로 관심이 없어."

아리스토텔레스
(BC 384~BC 322)
그리스의 철학자로, 학문
전반에 걸친 백과전서적
학자로 여러 과학 분야의
기초를 쌓고 논리학을 창
건하기도 했다. 플라톤에
게서 수학하여 관념론의
영향을 받았다. 그가 주장
한 천동설은 코페르니쿠스
가 지동설을 주장할 때까
지 2,000년 넘게 서양을
지배했다.

고대 그리스에서는 행복을 '에우다이모니아(eu-
daimonia)'나 '마카리아(makaria)'라고 불렀다. 에우
다이모니아의 동사형인 '에우다이모네오(eudaimoneo)'는 '번영하다',
'잘 지내다' 등을 뜻한다. 아리스토텔레스*는 원래의 뜻에 사회적인 의
미를 더해서 '사회적 복지 내지 안녕으로서의 행복'을 에우다이모니아
라고 정의했다. 그런가 하면 마카리아는 초월적이고 종교적인 행복을
의미한다. '마카르(makar)'라는 형용사는 '사멸하는 인간이 아니고 신
들의 축복을 받은'이라는 뜻이다. 로마 시대에는 펠리키타스(felicitas)
나 베아티투도(beatitudo)가 행복을 뜻했는데, 펠리키타스는 신의 축
복 내지 행운을 의미하고 베아티투도 역시 종교적 행복을 뜻한다. 서양
문화의 뿌리는 고대 그리스의 이성(로고스, logos)과 중세의 신앙(피데
스, fides)으로 이성은 완전성을, 신앙은 절대성을 상징한다. 그렇다면
서양인들이 생각하는 행복이란 완전하고도 절대적인 삶의 상태라고
할 수 있다.

부동심
그리스 철학자들이 말하는 정신적 평정의 상태로, 특히 에피쿠로스는 부당한 선입관을 피하고, 자연과 신에 대한 공포심을 멀리 하며, 순수하게 정신적인 쾌락을 통해 선하고 행복한 삶을 이룰 수 있다고 믿었다. 이때 그 쾌락이 바로 안팎으로 흔들리지 않는 마음, 곧 부동심이다.

헤라클레이토스
(BC 540?~BC 480?)
그리스의 철학자로, 만물의 근원은 영원히 사는 불이며 그 외 모든 것은 생멸하며 변화하는 것이라고 주장했다. 난해한 문체, 어둡고 허무주의적인 사상 등으로 '어두운 사람' 또는 '우는 철학자'라고 불렸다. 『정치학』, 『만물에 대하여』 등이 대표적 저서다.

"서양 문화는 고대로부터 진, 선, 미의 조화를, 그것도 완전하고도 절대적인 형태로 끊임없이 추구해 왔어. 그리스 자연철학 시대의 철학자 데모크리토스는 행복한 영혼의 상태를 부동심(不動心, ataraxia)◆이라 일컬었어. 행복이나 불행은 인간이 좌지우지할 수 있는 것이 아니라, 신과 운명의 선물이었기 때문이야. 또 고대 그리스의 철학자 헤라클레이토스◆ 역시 행복을 신체적 쾌락이나 향락이 아니라 정신적인 쾌감, 곧 영혼의 쾌락이라고 보고 '만일 행복이 신체적 향락이라면, 소가 먹이를 발견할 때 소도 행복할 것이다'라고 말했어. 플라톤이나 아리스토텔레스에게는 진, 선, 미가 서로 대응한다고 볼 수 있지. 플라톤은 가장 참다운 것이 가장 선하며 또한 아름답다고 보았어."

"맞아. 플라톤은 머리에는 진리를 사고하는 능력인 이성이 자리 잡고 있고, 가슴에는 감정 내지 정서를 느끼는 능력이 있으며, 배에는 욕구를 느끼는 능력이 있다고 보았어. 그래서 이성을 올바르게 사용하는 덕은 지혜가 되고, 감정을 옳게 실천하면 용기가 되며, 욕구를 적절히 사용하면 절제의 덕을 지니게 된다고 했지. 그렇기 때문에 플라톤은 지혜, 용기, 절제의 세 가지 덕목이 조화를 이루면 최고의 덕인 정의가 성립한다고 본 거야. 이상적인 인간은 정의로운 인간이고, 이상적인 국가는 정의로운 국가라는 것

이 바로 플라톤의 생각이지."

　플라톤은 이상 국가의 실현이 가능하다고 보았고, 국가를 형성하는 세 신분이 조화를 이루는 국가를 이상적이라고 생각했다. 그에 따르면 국가에서 최상을 이끄는 신분은 철학자나 왕이며 이들은 지혜의 덕을, 전사나 파수꾼은 백성의 안전을 보장하는 용기의 덕을, 마지막 신분은 산업에 종사하는 농부, 어부, 선원으로 절제의 덕을 지닌다. 그래서 세 신분의 세 가지 덕이 조화를 이룰 때 정의로운 국가가 성립한다고 주장했다.

"내가 알기로, 플라톤은 아름다움이나 예술을 그다지 높이 평가하지는 않았어. 플라톤은 불변하는 이데아가 있고 그것의 그림자가 현실이라고 보았거든. 예술은 현실을 모방하는 것으로 현실의 그림자에 지나지 않으니 별 가치가 없는 셈이지. 그래도 플라톤은 음악이 수학적 조화와 긴밀한 관계가 있으므로 음악의 아름다움은 청년 교육에 필요하다고 보았대. 그러나 플라톤의 제자 아리스토텔레스는 예술적 감각이나 매체의 형식적 조화를 아름답다고 여겼어. 물론 예술이란 현실을 모방한 것이라는 생각은 여전했지만.

그러나 근대 이후로 칸트에 이르면 지(知), 의(意), 정(情)과 같은 인간의 세 가지 능력이 진, 선, 미와 불가분의 관계를 맺고 있다고 생각하고, 아름다움이 바로 진리와 선을 종합하는 개념이라고 생각하기까지에 이르렀대."

"내가 비록 생각은 짧아도, 참다운 아름다움은 진리와 선을 포함하고 있는 것이 확실해. 그래서 나는 '예쁘다'와 '아름답다'를 명백하게 구분해야 한다고 생각해. 자연적이든 인위적이든, 어떤 대상이나 인간이 형식적인 균형과 조화를 이루면 예쁘다고 말할 수 있어. 그런데 예쁜 것이 진리나 선을 담고 있으면, 그것은 아름답다고 말할 수 있는 거야. 예쁘기만 하고 알맹이가 없으면 결코 아름다울 수 없어. 그래서 속은 텅 비고 예쁘기만 한 사람을 가리켜 백치미(白痴美)를 지닌 사람이라고 부르는 거 아니겠어?

요즘은 상업주의 일변도로 모든 것을 장삿속으로만 평가하는 경향이 강해. 그래서 백치미든 뭐든 예쁘기만 하면 잘나간다고 계산해서

너도 나도 외모 만능주의의 물결에 휩쓸리고 있는 것 같아. 여자나 남자나 아름다우려면 당당해야 해. 진리와 선을 알차게 담고 있는 아름다움이야말로 당당한 아름다움이잖아?”

인류는 길고 긴 역사를 통해 진리와 선과 아름다움의 문화를 창조해 왔으며, 그러한 문화에 의해 인류 자신이 재창조되는 과정을 무수히 되풀이했다. 그러나 완전하고 절대적인 진리와 선과 아름다움은 단지 이상일 뿐, 현실이 아니다. 이상은 이상대로 놓아두고 현실을 이상에 가깝게 만들기 위해 여러 차원에서 끊임없이 노력할 때, 비로소 아름다운 인간의 모습이 드러난다.

완전하고 절대적인 아름다움이 실제로 존재한다고 믿고 현실에서도 이루려 한다면, 이는 단지 상상에나 존재하는 허상을 좇아 진리나 선과는 멀어지는 일이다. 아름다움은 어디까지나 문화의 산물로 인간이 창조한 것이다. 외면적이고 주관적인 욕구 충족 대상으로서의 아름다움은 내용이 텅 빈 백치미에 지나지 않는다. 인간의 주체적 결단과 아울러 진리와 선을 동반하는 신체적·정신적 아름다움이야말로 아름다움이라는 칭호를 받을 만하다.

몸과 마음,
아름다움을 담는
하나의 그릇

현대사회에서는 물질 만능주의, 황금만능주의, 과학 만능주의가 인간의 삶을 지배한다. 그렇기 때문에 마르크스도 물질적 욕망 충족을 행복이라고 여긴 것이다. 청소년들을 비롯하여 현대인들이 육체적 건강과 육체미를 강조하는 이유는 유물론적 실용주의가 뇌리에 깊이 박혀 있기 때문이다. 그래서 돈이 많아서 물질적으로 풍요롭고 건강한 육체를 가지면 이를 마음껏 뽐내면서 행복해지리라는 것이 일반적인 믿음이다. 그러나 잠시 멈추어 생각해 보면 "육체가 생각하지 않는다면 정신이 생각한단 말인가? 나는 내 육체, 내 정신이라고 자주 말하는데, 나는 무엇이고 내 육체나 내 정신은 정확하게 무엇인가?"라는 질문에 뚜렷한 답을 찾기는 힘들다.

"소나 개나 돼지, 나무나 풀에는 정신이 없을까? 우시장이나 도살장으로 끌려가는 소가 발버둥 치기도 하고 굵은 눈물을 흘리는 걸 보면 소도 분명히 정신이 있어. 또 개들은 눈치가 빠르지. 어떤 개는 주인의 마음을 읽는지 심부름을 척척 해내기도 해. 인간은 너무 인간 중심적이야. 데카르트 같은 철학자는 인간만이 생각하는 정신을 가졌고, 다른 동물들은 단지 신체와 신체의 작용만을 가지고 있다고 믿었대."

"내가 보기에도 고등동물들은 분명히 생각할 줄 알기 때문에 낮은 수준이라 해도 정신이 있어. 밭갈이 하는 소를 보면 주인의 말을 알아듣고, 힘들면 소리나 몸짓으로 표현하기까지 해. 그리고 눈을 자세히 바라보면 소도 그 나름대로 자기 생각을 표현한다고 봐. 꽤 오래전에 프랑스의 어떤 여배우가 한국인들은 야만인처럼 개를 잡아먹는다고 크게 비난했는데, 서양인들은 하루라도 소, 돼지, 양 등의 고기를 먹지 않으면 살 수가 없다지. 그러니까 그 여배우는 남의 머리에 있는 검불만 보았지, 자기 머리에 붙은 검불은 보지 못한 셈이야. 소, 돼지, 양도 개처럼 생각하고 행동해. 다만 나라마다 관습이 다른 것뿐이야."

동서고금을 통틀어 사람들은 인간이 신체와 정신으로 구성되었으며, 신체는 사라지더라도 정신은 영원불변하다고 여긴다. 제사를 지낼 때에는 갖가지 맛있는 음식들을 차려 놓고 조상들의 영혼이 먹고 가게끔 대문도 살짝 열어 놓는다. 신체는 사라져도 정신이나 영혼은 여전히 살아남아 있다고 믿기 때문에, 후손들은 때에 맞춰 음식을 차리고 조상의 영혼이 흉(凶)과 화(禍)를 물리치고 길(吉)과 복(福)을 가져다주기를 비는 것이다.

　이렇듯 사람들은 육체와 영혼 또는 신체와 정신은 서로 밀접한 관계를 맺고 있지만 서로 다른 것이라고 생각한다. 육체는 영혼을 담고 있는 물질적 그릇으로 생성과 소멸의 과정을 겪지만, 영혼은 불멸한다고 여긴다.

　"서양의 중세는 암흑시대야.『성서』가 진리였고 기독교 신앙이 절대적이었기 때문에 다른 것들은 모두 깜깜해져서 그렇게 부르는 거지. 기독교에서는 신체를 악(惡)에, 영혼을 선(善)에 대응시켰어. 기독교인들은 완전하고 절대적인 신앙을 행복과 동일시해. 그런 신앙만이 영혼을 육체적 쾌락이나 죄악으로부터 구원한다고 생각했기 때문이야. 그러니까 신체는 생성, 소멸하고 영혼은 영원하다고 믿었지. 그렇지만 영혼의 영원불변을 부정하는 사람들도 있었대."

　"맞아. 중세 때는 불경스러운 말을 하면 잡혀 가서 종교 재판소에서 중형에 처해졌기 때문에, 남들이 못 듣게 소곤거릴 수밖에 없었다더라고. 그래서 영혼의 영원불변을 부정하는 사람은 '나는 길거리를 걸어다닐 수 없어'라고 조그맣게 말했대. 그에게 왜 그러냐고 물으면, 그는 '옛날 옛적부터 죽은 사람들의 영혼들이 길거리에 너무 꽉꽉 들어차서 도저히 걸을 수 없어'라고 조그맣게 대답했대. 또 어떤 사람은 '내 아버지는 내 아들이야'라고 소곤거렸대. 왜 그러냐고 물으면 그는 '내 아버지가 스무 살에 나를 낳고 돌아가셨고, 지금 나는 마흔 살이니까 그렇지. 영혼이 영원불변하다면 아버지의 영혼은 스무 살이고 내 영혼은 마흔 살일 테니까 말이야'라고 대답했대. 또 '영혼은 영원불변하다는데, 내가 열 살 때 영혼은 열 살이고 스무 살 때 영혼이 스무 살이라면 영혼도 변하는 거잖아. 사람들은 왜 영혼이 영원불변하다고들 그러지?'라고 궁금해 했대."

서양의 근대 철학자들에게도 육체와 정신의 문제는 해결하기 어려웠기 때문에 육체와 정신에 관해 서로 다른 입장을 제시했다. 데카르트에 의하면, 육체는 물질적 실체이고 정신은 생각하는 실체여서 서로 상관이 없지만, 인간의 경우 뇌에 송과선(松果腺)◆이라는 기관이 있어서 육체와 정신을 상호작용하게 한다고 주장했다. 스피노자◆는 육체와 정신은 질적으로 다르지만, 정신이 아프면 눈에서 눈물이 나오는 것처럼 정신과 신체는 서로 나란히 작용한다는 심신 평행설을 제시했다. 라이프니츠◆는 정신과 신체는 원래 상관이 없지만, 정신적으로 슬프면 눈에서 눈물이 나오는 것은 하나님이 미리 그렇게 만들어 두었기 때문이라는 예정 조화설을 내세웠다.

그러나 20세기에 들어오면서 대부분의 자연과학자들과 철학자들이 신체와 정신은 하나라고 여겼으며, 따라서 몸이 느끼고 생각한다는 결론에 도달하게 되었다. 그러니 몸이 죽으면 느낌도 생각도 없다고 여긴

송과선
척추동물의 간뇌에 있는 내분비선으로, 대뇌를 따라 앞으로 뻗어 있다. 머리의 피부를 통과하여 들어오는 빛을 느끼고 받아들이게 한다.

스피노자(1632~1677)
네덜란드의 철학자로, 데카르트 철학에서 결정적 영향을 받았다. 모든 것이 신이라는 범신론(汎神論)을 역설하면서도 유물론자이자 무신론자였다. 그가 말하는 신은 그리스도교의 인격을 지닌 신이 아닌 자연이었기 때문이다.

라이프니츠(1646~1716)
독일의 수학자이자 물리학자, 철학자, 신학자로 신학적이고 목적론적인 세계관과 자연과학적이고 기계적인 세계관을 조화시키려 했다. 그는 "우주 질서는 신의 예정 조화 속에 있다"는 예정 조화설을 주장했다. 미적분법을 확립하여 수학에 크게 공헌했다.

유심론
우주의 본질이 정신적인
것이라고 여기고 물질적
현상도 정신적인 것의 발
현이라는 이론으로 플라
톤, 라이프니츠, 헤겔 등이
대표적 철학자이다.

다. 청소년들과 젊은 사람들은 육체의 아름다움이 사람을 돋보이게 하며, 육체의 건강과 육체미가 사회적 무기로서 출세와 성공의 열쇠가 된다고 믿고 취직이나 결혼을 위해 다이어트와 성형수술을 감행하는 것이 최선이라고 생각한다.

그렇지만 육체의 아름다움과 정신의 아름다움은 하나다. 몸의 건강은 정신의 건강 없이는 무의미하다. 유물론이나 유심론(唯心論)*은 물질적인 몸 또는 정신적인 영혼만 참답다고 주장하는 편견에 빠진다. 인간의 몸(신체)은 물질이자 정신이기 때문에, 참다운 육체미는 정신적인 아름다움을 갖추지 않으면 헛되다. 끊임없이 인내하면서 성실한 태도로 진리를 탐구하고 선을 실천하면서 마음을 갈고닦을 줄 아는 사람만이 참다운 육체미의 의미와 가치를 누릴 수 있다.

아름다움은
수단일까 목적일까

인간은 왜 아름다워지려고 하는가를 물으면 그 답은 비교적 간단하다. 쾌감을 느끼기 위해, 또는 행복하기 위해서다. 아름다움은 지각하는 대상의 성질이다. 자연이나 예술 작품을 목적의식 없이 오직 미적으로 지각함으로써 쾌감을 느낄 때, 이를 아름답다고 말한다.

"칸트와 같은 철학자는 개인적인 관심을 버리고 미적 대상 자체를 지각하고 경험하는 것이 대상에 대해 공평한 태도라고 했어. 곧 미적 태도는 공평함이라는 말이지. 공평함은 이해관계가 없는 태도야. 예컨대 산과 물이 어울려서 비경(秘景)을 이루고 있는 곳에 화가와 장삿속

에만 관심 있는 부동산 중개업자가 있다고 해 보자. 화가는 '천하의 절경(絶景)이요, 아름다움이로구나!'라고 감탄하겠지만, 장삿속에만 관심 있는 부동산 중개업자는 '여기에 뉴타운을 건설하면 대박이 터질 거야! 정말 괜찮은데?'라고 중얼거리지 않겠어? 그러니 이해관계를 떠나 공평한 미적 태도를 가질 때만이 자연이나 예술 작품의 균형 잡힌 조화로운 멋과 맛을 느끼면서 쾌감을 얻게 되는 거야."

그러나 여성이나 남성의 아름다움 또는 육체미 등을 이야기할 때, 이는 관능적, 성적 아름다움을 가리키며 순간적인 감각적 쾌감을 주고 사회적으로 출세와 성공을 가져다주는 수단으로 여긴다. 요즈음에는 청소년들은 물론이고, 성인들도 이러한 아름다움을 추구하는 것이 사실이다.

"사람은 누구나 이해관계를 떠난 균형과 조화의 아름다움을 추구해. 그런가 하면 사회적 출세와 성공의 수단이 될 수 있는 아름다움도 동시에 가지려고 애쓰지. 그런데 확실한 것은 청소년과 젊은 남녀 들이 타인보다 뛰어나고 싶어서, 곧 출세와 성공을 위한 수단으로 아름다워지려 몸부림치고 있다는 사실이야. 그러니까 이해관계 없는 공평한 미적 태도를 통해 체험할 수 있는 균형과 조화로서의 아름다움은 은폐되고 퇴색할 수밖에 없어."

"나도 동감이야. 하이데거가 현대사회에서는 인간마저도 계량화의 대상이 되었다고 한 말이 실감이 나. 좀 더 심하게 말하면, 인간을 비롯한 모든 것에서 효용성(또는 산업 생산성)이 가장 중요한 가치가 되었다는 거야. 예술 작품의 아름다움은 이해관계를 떠난 내적 관계야. 내적 관계란 예술 작품과 그 작품의 속성들의 관계를 말하지. 피카소가 그린 〈게르니카〉*나 〈도라 마르의 초상〉과 같은 그림의 아름다움은 바로 내적 관계야. 그림을 구성하고 있는 색깔과 선(또는 형태)의 결합이 바로 내적 관계인 셈이지.

두 작품 모두 추상화이기 때문에, 사실적인 장면이나 여성의 모습이 아니고 색깔, 형태, 선의 예술적 매체를 사용해서 피카소가 자신의 미적 태도를 화폭에 쏟아 부은 그림이야. 물론 감상하는 사람이 게르니카가 에스파냐 바스크 지방에 있는 어디라거나, 도라 마르는 피카소의 몇 번째 연인이었고, 그녀에게는

> **〈게르니카〉**
> 파블로 피카소가 1937년 4월에 그린 그림으로, 나치가 에스파냐의 작은 도시 게르니카를 폭격하여 1,500명의 민간인이 희생당한 장면을 묘사했다. 구상화는 아니지만, 전쟁터에서 볼 수 있는 참담한 풍경이 뒤엉켜 있다. 피카소의 연인이었던 도라 마르는 〈게르니카〉의 제작 과정을 사진으로 남긴 인물이다.

어떤 버릇이 있었다거나 하고 말할 수는 있지만, 이는 외적 관계이므로 예술적 아름다움과는 거리가 멀지."

　인간을 인간답게 만든 가장 위대한 문화의 핵심 요소들은 진리와 선과 아름다움인데, 이는 인간의 문화는 물론이고 삶의 등불이라고도 할 수 있다. 인간은 시행착오를 무수히 반복하면서도 진리와 선과 아름다움이라는 이상을 현실에서 구현하기 위해 길고 긴 역사의 발자취를 남겨 온 것이다.

　"인간은 남녀노소를 불문하고 왜 아름다워지려고 할까요? 아름다움이 무엇인지에 관해서는 물론이고 아름다워지려는 것에 관해서도 견해가 다양하기 때문에 그 이유를 간단명료하게 한마디로 답한다는 것은 불가능해요. 그러나 아름다움이란 이해관계 없이 공평하게 지각하여 쾌감을 느낄 수 있는 '대상의 균형과 조화'라고 이야기할 수 있어요. 그런데 아름다움도 창조적이고 주체적이고 개성적일 때 참다운 아름다움일 수 있다고 봐요. 다빈치의 〈모나리자〉를 복사한 그림들이 무수히 많고, 진품과 거의 구분하기 어려운 모조품도 꽤 있대요. 그렇지만 다빈치의 〈모나리자〉 진품만 아름답다고 하고 복사본이나 모조품들을 가리켜서는 아름답다고 하지 않는 이유는 복사본과 모조품에는 창조성도, 주체성도, 개성도 없기 때문이지요."
　"그래요. 아름다움이 쾌감을 가져다주는 지각 대상이 지닌 균형과 조화라고 할 때, 분명히 아름다움은 이중적 특징을 가지고 있어요. 그런데 대부분의 사람들은 아름다움의 이중성을 혼동하고 있는 것 같아요. 인간은 이해관계 없는 아름다움을 얻으려고 하면서도 돈, 명예, 권력 등 사회적 관계를 획득하게 해 줄 수 있는 아름다움을 무엇보다도 먼저 쟁취하려고 하거든요."

베르그송(1859~1941)
프랑스의 철학자로, 생철학을 제창했다. 프랑스 유심론의 전통을 계승하면서도, 다윈이나 스펜서 등의 진화론의 영향을 받아 생명의 창조적 진화를 주장했다. 그의 학설은 철학·문학·예술에 큰 영향을 미쳤다. 『물질과 기억』, 『웃음』, 『창조적 진화』, 『도덕과 종교의 두 원천』 등의 저서를 집필했으며 노벨문학상을 수상했다.

베르그송*과 같은 철학자는 인류의 삶이 전개된 과정을 창조적 진화라고 여겼다. 그의 생철학에 따르면, 인간은 나약하기 짝이 없다. 육체적으로, 인간의 눈은 새보다 멀리 보지 못하고 코나 귀의 능력은 개보다 못하며 달리기는 말보다 훨씬 느리고 힘은 곰이나 호랑이보다 훨씬 약하다. 그러나 인간은 오랜 역사 속에서 창조적 진화를 거듭했고, 어느 순간 뇌세포가 기하급수적으로 증가하여 지성이 기적적으로 발달하면서 직관 능력을 가지게 되었다. 때문에 인간은 이해관계 없이 지각 대상의 균형과 조화라는 아름다움을 직관적으로 느끼는 동시에, 실용적인 측면에서 사회적 수단으로 이용한다고 볼 수 있다.

아름다움은 창조적이고 주체적이며 개성적이어야 한다. 실용적인 차원에서 아름다움은 돈과 명예와 권력을 쟁취하는 수단일 수 있지만, 이것이 오로지 사회적 수단으로만 이용된다면 결국 추함의 나락으로 떨어지고 말 것이다.

예술을 통해
아름다움을 체험하다

예술미에 대해 이야기하기 전에 예술과 관련된 학문에 대해 알아볼 필요가 있다. 인식론, 형이상학, 윤리학, 미학, 논리학 등은 철학을 구성하는 핵심 분야로, 인식론은 대상이나 사태를 인식하는 방법뿐만 아니라, 아는 능력에는 어떤 것이 있고 앎의 한계는 어디까지인지를 연구한다. 형이상학은 존재란 무엇이고, 어떤 상태이며, 존재의 근원이나 원리는 무엇인지 해명하는 학문이다. 윤리학은 실천적 행동의 기준이 되는 가치가 무엇인지 묻고 답한다. 논리학은 개념, 판단, 추리 등의 성격을 논하면서 어떤 명제가 참인지, 거짓인지 밝힌다. 그런가 하면 미학은 신체적·정신적 감각과 경험, 사고 등을 폭넓게 연구하는 학문으로 미적 가치와 체험 등 예술철학의 여러 개념을 탐구한다. 어떤 국면이 대상을 아름답게 만드는지, 미적 기준은 무엇인지, 자연과 예술의 관계는 어떻게 형성되는지 등을 연구하는 학문이 미학이라면, 예술철학은 예술의 근본 원리를 연구하는 철학의 한 분야이다.

흔히 예술미, 예술적 표현, 보편적 예술, 예술 작품 등을 다루는 예술철학과 미학을 같은 의미로 사용하는데, 미학은 자연과 예술 그리고 인간의 정서와 인식에 초점을 맞추는 데 반해, 예술철학은 예술미만을 다루므로 엄밀히 말해 다른 학문이다. 그러나 대부분의 철학자들은 미학의 개념을 통해 예술 작품의 아름다움을 다루기 때문에, 미학과 예술철학을 크게 다르지 않다고 이해해도 무방할 것이다.

"미적 대상의 아름다움을 체험하는 방식은 크게 미적(美的) 태도와 비미적(非美的) 태도로 나눌 수 있어. 자연이든 예술 작품이든, 아무런 이해관계도 가지지 않고 대상을 대하는 태도가 미적 태도야. 그런가 하면 실용적 태도, 인지적 태도, 도덕적 태도 등은 비미적 태도이지. 비미적 태도를 가지고 미적 대상을 대할 경우 예술미는 왜곡되고 말 거야."

"그래, 인간은 누구나 아름다움을 추구하기 마련이야. 그렇지만 지나치게 직업적이거나 기술적으로만 훈련받은 사람들은 미적 대상을 순수하게 지각해서 아름다움을 느끼는 것이 아니라 인지적 태도를 가지기 쉬워. 일반인들은 아담한 산사(山寺) 앞에서 사찰의 아름다움에 취하지만, 건축가나 미술사가는 사찰의 구조나 역사에 더 관심을 가질 수 있어. 또 어떤 사람이 사찰을 매입해서 관광 명소로 만들면 매년 수

겸재 정선(1676~1759)
조선 후기의 화가이자 문신으로, 도화서의 화원으로 관직에 올랐다. 한국 산수화의 독자적인 특징이 살아 있는 진경산수화를 그렸다. 강한 농담과 질감을 나타내는 새로운 경지를 개척했으나, 후계자가 없어서 더 이상 이어지지 않았다. 〈인왕제색도〉, 〈금강전도〉 등이 대표적이다.

입이 얼마나 될지 따진다면 이 사람의 태도는 실용적 태도라 하겠지. 그리고 비행 청소년들을 이 사찰에서 교화시켜 선도하면 좋겠다고 생각한다면 그 사람의 태도는 도덕적이라고 볼 수 있어."

예술미는 예술 작품의 물리적 특징이 아니라 지각적 특징이다. 예를 들어 겸재 정선*의 산수화가 지닌 아름다움은 그림을 구성하는 묵의 명도라든가 형태와 선의 배열이 얼마나 균형 잡히고 조화로운지를 보면서 얼마나 쾌감을 느끼는가의 문제이다. 산수화의 산과 계곡은 어느 곳인지, 서울에서 얼마만큼 떨어져 있고 그곳에 있는 나무와 바위는 주로 어떤 용도로 사용되는지 등을 따지는 것은 물리적 특징이다. 음악의 경우에도 음의 균형과 조화로운 결합이 아름다움을 선사하면, 사람들은 음의 결합에서 쾌감을 느끼면서 그 음악이 아름답다고 평가한다.

"우리는 색깔과 형태의 결합을 인지하고 쾌감을 느끼는데, 이때 지각하는 내용이 예술미야. 청각에 의해 음들의 결합을 지각할 경우, 그 내용은 음악의 아름다움이지. 그런가 하면 문학은 감각적, 관념적 예술인데, 시각적 색깔이나 형태도 아니고 청각적인 소리도 아닌 '의미'를 지각하고 생각함으로써 시나 소설의 아름다움을 느낄 수 있어."

"사람은 오감(五感)을 가지고 있어. 시각, 청각, 촉각, 후각, 미각 등에 의해 보고, 듣고, 만지고, 냄새 맡고, 맛을 보는 거야. 그런데 예술 작품들은 전적으로 시각 예술과 청각 예술에 속해. 시나 소설과 같은 문학 작품도 우선 보고 들어야 의미의 아름다움을 느낄 수 있으니까 말이야. 시각과 청각은 미치는 범위가 넓고 예리하지만 촉각, 후각, 미각 등은 비교적 둔하고 미치는 범위도 좁아. 시각적 색깔과 형태, 선은 복잡한 질서를 훌륭히 표현할 수 있고, 음도 마찬가지야. 간단히 말해서 예술미란 색깔이나 음 또는 그것들을 통한 의미의 복잡한 질서 표현을 지각함으로써 쾌감을 느끼게 하는 예술적 아름다움이지."

예술미와 자연미는 모두 아름다움이지만, 자연미의 미적 대상은 자연이고 예술미의 미적 대상은 예술 작품이다. 자연 대상은 본래 있는 그대로 존재하지만, 예술 작품은 오랫동안 축적된 인간의 미적 감정과 지각 그리고 체험을 근거로 창조된 것이다.

아름다운 인간이란 몸과 마음이 균형과 질서와 조화를 이룬 사람을 말한다. 이들은 타인들을 행복하게 만들며 스스로도 행복하다. 타고난 정신과 육체를 돈이나 권력을 좇는 데 사용하지 않고 그 자체의 아름다움을 추구한 결과인 것이다. 만일 일시적인 유행이나 타인의 시선만을 의식해 스스로를 대상화하고 외양을 꾸미려 든다면 이는 자연미와 예술미 어디에도 속한다고 보기 어려울 것이다.

"요새 젊은이들은 외모의 아름다움에만 지나치게 신경 쓰는 것 같아요. 아름다움이란 성숙한 몸과 마음의 균형과 조화니까 외모의 아름다움이라는 말은 적절하지 않고 외모의 예쁨이라고 하는 편이 맞겠네요."

"맞아요. 어떤 젊은 여자가 엄청난 돈을 들여서 여기저기 성형수술하고 명품 옷과 가방과 구두를 걸쳤다면, 사람들은 예쁜 여자라고는 해도 아름다운 여자라고는 하지 않죠. 설악산의 축소 모형을 만들어 놓고 자연미가 빼어나다고 말하지는 않는 것처럼요. 자연미는 자연의 생명력이 넘쳐나야만 하니까요. 예술미 역시 균형과 질서와 조화의 표현이긴 하지만, 그 안에는 예술가의 혼이 살아서 꿈틀거려야 하고요."

자연미나 예술미 모두 생명력이 없다면 무의미하다. 인간은 사회적 존재이므로 예술미는 인간의 인지적·도덕적·경제적·정치적·종교적 태도와 영향을 주고받는다. 그러나 가능한 한 이해관계가 없는 공평한 기호 판단에 의해 대상의 균형과 조화를 맛보아야 한다. 그렇지 않고 사회적 태도가 지나치게 예술미를 지배한다면 아름다움은 그 생명력을 잃는다.

디지털-사이버 후기 자본주의 사회를 살아가는 우리들은 실용주의에 물들어 있을 뿐만 아니라 황금만능주의, 물질과 디지털 만능주의에 중독되어 있다. 그러다 보니 예술 작품과 예술미는 생명력을 잃고 상업주의와 황금만능주의의 거센 물결에 휩쓸려 떠내려가고 있다. 외모의 아름다움에만 관심의 눈길을 돌리는 사람들의 뇌리에도 외모가 아름다워야 결혼도 잘하고 취직에도 유리하다는 생각이 박혀 있다.

창의적이고 자발적이며 비판적인, 성숙한 삶을 계획하는 청소년이라면 몸과 마음의 참다운 균형과 조화를 위해 매 순간 성실하게 살아가야 한다. 인간의 아름다움은 자연미와 예술미가 어우러져야 하며, 혼이 살아 숨 쉴 때 비로소 참다운 아름다움이 된다.

생각해 볼 문제

❶ 오늘날 외모 만능주의가 만연한 까닭을 알아보자. 외모 만능주의는 황금만능주의와 어떤 관계가 있을까?

❷ 성형수술에 찬성하는가, 반대하는가? 찬성이나 반대의 구체적인 이유를 이야기해 보자.

❸ 아름다움이 진리 및 선과 불가분의 관계를 가지는 까닭을 두고 친구들과 대화해 보자.

❹ 육체미에만 몰두하는 사람은 마음의 아름다움을 소홀히 하기 쉽다. 왜 그런지 이유를 찾아보자.

❺ 누구나 아름다워지려고 한다. 그 까닭을 부모님과 대화하고 토론해 보자.

❻ 자연미와 예술미의 공통점과 차이점을 간략하게 정리해 보자.

플라톤

The Art of **3장** Happiness

인간은 무엇을 욕망하는가

물질적 욕망 충족만을 행복이라고 주장하거나, 정신적인 욕망 충족만을 행복이라고 말하는 것은 나무만 보고 숲을 보지 못하는 셈이다. 두 가지 욕망의 조화를 이루면서 공동체를 고려하는 공정한 욕망 충족이야말로 개인적이고 사회적인 쾌감을 동시에 체험하게 해 주기 때문이다.

행복과 욕망의
두 가지 얼굴

대부분의 사람들은 개인적 욕망과 사회적
욕망을 충족시켜야 행복하다고 생각한다. 배고픔, 목마름, 성적 충동은
본능이자 개인적 욕망에 속한다. 그리고 돈, 권력, 명예, 지위 등에 대한
갈망은 사회적 욕망이다. 일단 본능적 욕망을 충족시키면 행복하다고
느끼지만, 다시금 욕망을 충족시키고픈 마음이 고개를 든다. 돈, 권력,
명예, 지위 등에 대한 사회적 욕망 역시 개인적 욕망과 마찬가지로 한번
충족되면 얼마 가지 않아서 새롭게 다시 충족시키고픈 충동이 강하게
일어난다.

몸의 흥분 상태에 대한 경험적 의식 내용은 쾌감과 불쾌감의 감정이
고, 행동 반응을 수반하는 주관적 심리 과정은 공포, 증오, 애정, 분노,

행복 등의 정서다. 정서는 쾌감과 불쾌감의 단순 감정을 토대로 삼아 성립하는 심리 과정인 셈이다. 간단히 말하면 욕망의 1차적 결과는 쾌감, 불쾌감의 단순 감정이고 그 2차적 결과는 복합적이고 포괄적인 정서이므로, 행복은 정서에 해당한다.

"마르크스는 물질적 욕망 충족을 행복이라고 했어. 물질적·경제적 생산관계에서 프랑스 혁명의 자유·평등·박애의 정신을 실현함으로써 빈부 격차, 곧 가진 자(유산계급)와 못 가진 자(무산계급)의 계급을 철폐하고, 모든 사람들이 노동자가 되어 물질적 욕망을 충족시킬 때 행복할 수 있다고 주장한 거지. 그래서 마르크스는 자본주의 경제체제와 계급적 정치체제를 붕괴시키고 노동자 사회를 만들기 위한 사회 혁명

을 부르짖었어. 그런데 배부르고 등 따뜻하면, 다시 말해서 물질적 욕
망을 충족시키기만 하면 과연 인간은 행복할까? 마르크스는 물질적
욕망을 충족시키기만 하면 다른 욕망들도 자연적으로 충족된다고 믿
은 것 같아. 물질적인 생산관계가 사회의 가장 기본적인 하부구조이
고, 이것을 바탕으로 학문, 예술, 종교, 과학 등의 문화적인 상부구조가
성립한다고 생각했기 때문이지. 이런 생각은 상당히 독단적이야. 정신
적, 문화적인 요소가 기초가 되고 이 기초 위에 경제나 과학이 전개된
다고 주장하는 사람도 그 나름대로 정당성을 내세울 테니까 말이야."

"21세기는 독단론의 시대를 넘어선 다원론의 시대야. 내가 보기에도
시대와 지역에 따라, 그리고 인간이 처한 환경에 따라 행복은 다양한
형태로 나타날 수 있어. 근대의 어떤 철학자는 자유인을 행복한 인간

이라고 했대. 인간의 본질에 따른 인간 정신의 결정을 자유라고 한다면, 자유가 바로 행복이 아니겠어?"

스피노자와 같은 철학자는 직관적 앎을 가질 때 덕이 무엇인지 깨닫고 덕스러운 삶을 실천하게 되므로 행복하다고 말했다. 그는 욕망과 쾌감, 불쾌감을 세 가지 기본 정서로 여기고, 이것을 고통, 사랑, 선, 악 등의 부차적 정서들과 구분한다. 자연은 근원적인 성향이 있어서, 이런 성향이 표면화되면 욕구가 되고 이 욕구를 의식할 때 욕망이 된다. 따라서 욕망은 근본적인 정서이며, 욕망의 결과로 생기는 기본 감정이 쾌감과 불쾌감이다. 결국 자기 보존을 향한 인간의 열망이 욕망인 셈이다. 스피노자는 최고의 선을 행복이라고 주장했는데, 최고의 선은 최고의 쾌락(쾌감)이고, 최고의 쾌락은 최고의 앎과 직결되어 있다. 또한 최고의 쾌락은 신에 대한 정신적 사랑으로, 스피노자가 말하는 신은 세계이자 자연이다.

"스피노자에게 있어서 자기 보존은 최고의 쾌락이자 최고의 앎이고, 또한 그것은 최고의 선이니까 나 자신과 자연의 자기 보존이 곧 행복이라는 거지? 그렇다면 개인이 자기 자신을 온전하게 보존하는 것은 좁은 의미의 행복일 테고, 자연의 자기 보존은 넓은 의미의 행복이지 않을까? 어쨌든 스피노자도 욕망 충족이 행복이라고 생각한 것 같아. 다만 적절하게 욕망을 충족시켜야 쾌감을 맛보고 지나치면 불쾌감을 맛보게 되니까, 자기 보존을 위한 욕망을 관용과 관대함의 덕을 통해 충족시킬 때 인간은 행복할 수 있을 거야."

프로이트는 인간을 가리켜 정신 또는 영혼 과정의 존재라고 일컬었다. 정신 과정의 가장 밑바탕에는 충동으로 의식되지 않은 것(무의식*)과 의식되기 이전의 것(전의식*)이 놓여 있다. 아주 어릴 적의 너무 충격적인 기억은 무의식에 의해 억압되지만, 그 기억이 가벼워지면 전의식의 검열을 거쳐 의식으로 떠오른다. 무의식은 의식되지 않은 것으로 가장 기본적인 충동이므로 욕망에 해당한다. 그렇다면 프로이트에게 있어서 인간 정신의 바탕은 욕망인 셈이다.

프로이트 역시 욕망이 온전하게 충족될 때 인간은 행복할 수 있고, 콤플렉스를 극복하지 못하면 정신적으로 정상이 아닌, 불행한 인간이 된다고 보았다.

"현대 프랑스의 정신분석학자 라캉*은 프로이트의 이론을 바탕으로 하여 욕망을 더욱 심도 있게 분석했어. 라캉은 주체의 충동, 자아, 상상, 상징이 불가분의 관계를 맺고 인간의 정신 과정을 형성한다고 여겼대. 주체의 충동은 무의식이자 욕망이야. 예컨대 욕망의 존재라고 볼 수 있는 아기는 처음으로 거울에 비친 자신의 얼굴, 손, 발 등을 보고 점차 자아 개념을 만들기 시작해. 그리고 엄마나 아빠가 아기에게 제시하는 나, 너, 우리 등

무의식과 전의식

인간은 불안을 일으킬 수 있는 원시적 행동이나 욕구, 기억, 원망 등을 스스로 억압하고 이를 의식의 아래로 밀어내 '무의식' 상태로 만든다. 그중 어떤 것은 필요에 따라 다시 의식의 표면으로 떠오르게 될 가능성이 있는데, 이를 '전의식' 상태라고 한다.
무의식은 본래 형태로는 인지되지 않지만, 일상생활의 행동에는 중요한 영향을 미친다.

라캉(1901~1981)

언어를 통해 인간의 욕망을 분석하고, 그것을 철학의 영역으로 끌어올린 정신분석학자이자 프랑스 구조주의 철학을 대표하는 인물이다. 프로이트에 대한 독창적인 해석과 연구로 명성을 얻었으며, 일생을 정신과의사로 일했다. 논문집 『에크리』로 유명세를 타면서 정신의학, 철학뿐 아니라 언어학계에도 큰 영향력을 행사하였다.

견유학파

그리스 철학의 한 유파로, 개와 같은 생활을 했기에 이러한 이름이 붙었다고 하며 그리스어로는 키니코스학파라고 한다. 행복은 외적 조건에 좌우되지 않는 것이므로, 일체의 사회적 관습을 무시하고 자연적 본성에 따라 살며 덕을 수양하고자 하였다.

키레네학파

고대 그리스 철학 학파의 하나로, 소크라테스의 제자인 아리스티포스의 출생지인 북아프리카 키레네에서 시작되었다. 인격의 가치는 쾌락에 있으며, 그 내용은 지적인 쾌(快)라는 쾌락주의를 주장했다.

의 상징을 받아들이면서 드디어 자아 개념을 완성하게 되지.

그러니까 '나'라는 것도 상상계와 상징계가 결합해서 현실계를 형성하기 때문에 존재할 수 있어. 그런데 현실계의 나를 알려면 현실계를 만들어 낸 상상계와 상징계를 알아야 하기 때문에, 현실계 자체를 명확하게 알 수 있는 것은 아니야."

"그러니까 뭐야? 라캉에 의하면 '나'라는 개념은 충동, 상상, 상징, 자아 등 네 가지 요소들의 상호작용에 의해 비로소 성립하니까 '나'는 고정불변하는 것이 아니라는 말이지? 라캉의 말은 너무 어려워. 내가 이해하기에 충동, 상상, 상징, 자아의 네 가지 요소가 균형을 맞추면 '나'는 정신적으로 정상이어서 행복하고, 네 요소들의 균형이 무너지면 '나'의 정신 상태는 병적인 거니까 정신분석 치료를 받아서 정상적인 정신 상태를 회복해야 한다는 뜻이야?"

마르크스나 프로이트, 라캉은 욕망 충족이 곧 행복이며, 욕망을 충족시키면 삶의 기쁨을 느끼고 삶에 만족하여 흐뭇한 상태, 즉 행복을 체험한다고 여겼다. 그런데 문제는 어떤 욕망인가 하는 것이다. 물질적 욕망이 있는가 하면 정신적 욕망도 있고, 지배욕도 있으며, 아름다워지려는 욕망도 있고, 진리를 알고 싶어 하는 욕망도 있다.

고대 그리스의 견유학파*, 키레네학파*, 스토아학파*, 에피쿠로스학파*의 철학자들은 정신적 욕망의 충족을 행복으로 여겼다. 그래서 견유학파의 디오게네스는 큰 포도주통을 집으로 삼아 살았으며, 알렉산더 대왕이 직접 찾아와서 신하로 일해 달라고 청했을 때에도 햇빛이나 가리지 말라며 거절했다. 그는 물질적으로는 금욕주의를, 정신적으로는 쾌락주의를 택했고, 평정심을 행복으로 여겼다.

그러나 물질적 욕망 충족만을 행복이라고 주장하거나, 정신적인 욕망 충족만을 행복이라고 말하는 것은 나무만 보고 숲을 보지 못하는 셈이다. 두 가지 욕망의 조화를 이루면서 공동체를 고려하는 공정한 욕망 충족이야말로 개인적이고 사회적인 쾌감을 동시에 체험하게 해 주기 때문이다.

스토아학파
기원전 3세기 제논에서 시작되어 기원후 2세기까지 이어져, 아리스토텔레스 이후의 그리스 로마 철학을 대표하는 학자이다. 헬레니즘 문화를 바탕으로 하므로 절충적인 성격을 띠며, 금욕과 평정을 유지하는 현자를 최고의 선으로 여겼다.

에피쿠로스학파
쾌락을 최고선으로 규정한 아테네의 철학자 에피쿠로스가 창시한 철학의 학파로, 스토아학파와 함께 헬레니즘 시대를 대표한다.

돈은 행복의 충분조건인가 필요조건인가

근심의 근원인 육체와 정신을 버리고 어떤 것에도 침해받지 않는 자유와 독립을 얻으라고 주장한 장자*는 인간의 본성이 지배욕과 이기심이라고 말했다. 돈과 권력과 명예는 지배욕과 이기심을 채우는 도구이자 서로 떼려야 뗄 수 없는 관계를 맺는다. 돈에 얼마나 문제가 많으면 고려 말의 무신 최영 장군은 "황금을 보기를 돌같이 하라"는 말까지 했을까? 사람들에게 왜 그리 악착같이 돈을 버느냐고 물으면 대개 먹고살기 위해서라고 답한다.

"공부하는 목적이 무엇이냐고요? 그거야 물론 성

장자(BC 369?~289?)
중국 전국시대의 사상가로, 유가의 사상가 맹자와 동시대를 살면서 노자의 사상을 계승한 도가 사상의 중심인물이다. 유교의 인위적인 예교(禮敎)를 비판하고 자연으로 돌아가자는 자연철학을 제창하였다.

공해서 사회에 공헌할 수 있는 훌륭한 사람이 되기 위해서예요. 성공이 구체적으로 무엇이냐고요? 그건 돈을 많이 버는 거예요. 돈을 많이 벌어야 부모님도 잘 모실 수 있고 가난한 사람들을 위해 베풀 수도 있으니까, 가능하면 돈을 많이 벌고 싶어요."

"저는 공부에는 소질이 없어요. 그래서 디자인을 배우려고 해요. 고등학교만 졸업하고 디자인 학원에 다니면서 기술을 배워서 일찌감치 사회에 진출하려고요. 물론 디자인 공부도 공부지만요, 디자인 전문가가 되면 돈을 많이 번대요. 제 꿈은 돈을 많이 버는 것이지만, 그 목적은 장애인 복지 재단을 만들기 위해서예요. 제 동생이 자폐증 환자인데, 동생은 가족뿐만 아니라 사회의 도움이 절실히 필요해요. 제 동생과 같은 사람들을 돕기 위해서 저는 제 적성에 딱 맞는 디자인을 열심히 배워서 돈을 많이 벌 거예요."

국제사회의 각 나라들은 무역을 통해 가능한 한 많은 흑자를 보려고 전력투구한다. 한 국가의 1인당 소득이 3만 달러 이상이면 선진국 대열에 진입하고 질 좋은 삶을 추구할 수 있는 여건이 마련된 것이라 말하는 사람도 있다. 사실 일상인들은 누구나 유물론적 실용주의자로 살아가기에 돈은 많을수록 좋다고 생각한다.

"이제 좀 솔직해지고 싶어요. 예전에는 인생에서 돈은 수단에 불과하고 정말 중요한 것은 인격이라고 생각했어요. 그래서 일요일이면 교회나 성당에 가서 기도하면서 내면적으로 성숙하게 해 달라고 빌었지요.

또 방학 때마다 며칠씩 절에 가서 인내심을 가지고 참선도 했어요. 세상 물정과 인생의 문제들에 대해서는 아무것도 모르니까 제발 깨달음을 얻게 해 달라고 수없이 되뇌면서 말이죠.

그런데 최근에 이런 소망이 공허하다는 것을 절실하게 깨달았어요. 아버지는 회사원인데 당뇨가 심해서 제대로 일을 하지 못해요. 어머니는 중학교 선생님이지만 지금 유방암으로 투병 중이고요. 나와 여동생은 곧 대학 진학을 준비해야 해요. 우리는 지금 전세를 살고 있어요. 당장 입에 풀칠하는 것이 급선무이지요. 그래서 부모님께는 알리지 않고 공무원 시험을 준비하고 있어요. 대학이고 뭐고 결국은 다 먹고살자고 하는 것 아니겠어요? 공무원 시험에 합격하면 안정된 월급이 보장되고 정년과 연금이 확실할 테니까, 밤을 새워 가면서 공부하고 있어요."

"나도 노동자 혁명 같은 것에는 전혀 관심이 없지만, 인생의 기초는 물질적 생산관계라는 마르크스의 말에는 전적으로 동감해요. 인간도 동물이니까 우선은 먹어야 살아요. 즉, 돈이 있어야 사람답게 살 수 있다는 말이지요. 친구들과 만나서 매일 얻어먹기만 할 수는 없잖아요? 이성 친구를 사귀더라도 돈은 기본이에요. 취미 생활을 즐기려고 해도, 가까운 곳에 잠시 여행을 가려고 해도, 부모님 생신에 작은 선물을 마련하려고 해도, 더군다나 예상치 못한 사고를 당하거나 큰 병에 걸려도 자본주의 사회에서는 돈 없으면 시체나 다름없잖아요?

물론 돈은 인생의 목적이 되어서는 안 되고 어디까지나 수단이어야 한다고 남들처럼 말할 수는 있어요. 그러나 현실은 그렇지 않죠. 현실은 냉혹해요. 그러니 나뿐만 아니라 대부분의 사람들이 돈을 삶의 목

적으로 여기고 있다고 생각해요.˝

역사를 되돌아보면, 돈은 사람들이 필요한 물건을 거래하기 위한 수단으로 등장했다. 원시사회에서는 조개껍질 등을 돈으로 사용했고, 쇠나 구리 또는 은이나 금으로 만든 돈이 통용되다가, 지폐와 수표 등이 쓰이게 되었다. 물론 돈이란 물건의 가치에 대한 상징이므로 돈이 많다는 것은 더 많은 재화를 획득할 수 있다는 뜻이 된다.

그러나 "마음이 가난한 자는 복이 있나니"라거나 "부자가 하늘나라에 들어가기란 낙타가 바늘구멍으로 들어가는 것보다 어렵다"는 말도 있다. 이는 돈에 너무 욕심내지 말고 마음을 비우라는 의미다. 사실 돈이 없으면 여러 면에서 불편하고 구차스럽기는 하지만, 한편으로 돈이 많은 사람은 다른 사람들보다 더욱 욕심을 내고 지나치게 인색하며 돈만 알기 쉽다. 셰익스피어*의 『베니스의 상인』에 등장하는 샤일록이라든가 디킨스*의 『크리스마스 캐럴』에 나오는 스크루지 영감 같은 인물은 이를 대표하는 수전노다.

대통령의 자리에까지 올랐던 사람들이 나라의 돈을 제멋대로 쓰고 자식과 친척 들에게 나누어 주었다가 크게 문제가 되니 마지못해 반납하는 것을 보면, 돈과 권력은 한통속이라는 생각이 드는 것을 피할 수 없다. 돈과 권력과 명예는 공동체 사회의 공정한 수단이 되어야 비로소 더 많은 사람이 희망과 행

셰익스피어(1564~1616)
영국의 극작가이자 시인으로, 37편의 희곡을 비롯해 수많은 명작을 남겼다. 비극 『햄릿』, 『리어 왕』, 『맥베스』, 『오셀로』, 희극 『베니스의 상인』, 『한여름 밤의 꿈』 등이 대표작이다.

디킨스(1812~1870)
가진 자에 대한 풍자와 인간 생활의 애환을 그려 명성을 얻은 영국의 소설가이다. 『크리스마스 캐럴』, 『올리버 트위스트』, 『두 도시 이야기』 등의 작품을 썼다.

복을 누리는 사회로 향할 수 있다.

"인간이란 너무 각양각색이어서 다 똑같을 수 없고, 뛰는 놈이 있으면 그 위에 나는 놈이 있는 것이 당연해요. 백문이불여일견(百聞而不如一見)이라는 말이 있어요. 100번 듣는 것이 직접 한 번 보는 것보다 못하다는 뜻이에요. 유럽의 선진국들을 여행하거나 직접 가서 살아 보면 자유, 평등, 박애라는 프랑스 혁명의 정신이 살아 숨 쉬는 것을 느낄 수 있어요. 이기주의가 이타주의와 균형을 이루어야 자유, 평등, 박애가 현실적으로 가능하지요."

황금만능주의는 청소년들은 물론이고 우리 사회 구성원 전체의 의식에 침투해 있다. 물론 돈은 필요한 것이긴 하지만 행복의 충분조건은 아니다. 누가 뭐래도 삶의 목적은 창의성, 독자성, 비판적 의식을 소유한 인격 주체로서 살아가는 것이다. 디지털-사이버 후기 자본주의 사회에서 인간은 황금만능주의라는 허상으로 인간성 상실과 소외라는 치명적인 질병을 앓고 있다. 그러나 청소년들이 바쁜 일상 속에서 잠시 멈추어 행복이 무엇인지, 어떻게 하면 행복한 삶을 꾸려 나갈 수 있을지 심사숙고하고 대화와 토론을 거듭하면 황금만능주의의 허상은 조금씩 탈을 벗기 시작할 것이다.

지배욕과 이기심은
인간의 본성일까

노자*의 도가 사상을 계승하여 자연과 함께 살아갈 것을 주장한 사상가 장자에게 어느 날 친구가 찾아왔다.

"여보게, 장자. 몇 달 만에 보는데도 자네는 특별히 하는 일 없이 여전히 가난하게 지내는구만. 나보다 학문도 뛰어나고 말도 잘하니 궁궐에 들어가서 왕을 위해 일하면 부와 명예와 권력을 다 얻을 텐데, 왜 내 말을 듣지 않고 그렇게 고집을 부리나?"

"듣자 하니 친구여, 자네는 이번에 소달구지를 다섯 채나 채운 선물을 받아 먼 나라에서 돌아왔다면서?"

> **노자(?~?)**
> 중국 춘추시대의 사상가로, 도가의 시조이다. 세속의 인의와 도덕에 구애받지 않고 만물의 근원인 도를 좇아 사는 무위자연(無爲自然)을 역설하였다.

"그렇다네. 이번에는 먼 나라의 왕이 사신 역할을 아주 잘했다면서 소달구지 세 채를 더 주셨다네. 먹을 것, 마실 것, 입을 것을 듬뿍 하사하셔서 왕에게도 바치고 집안 친척들에게도 골고루 나누어 주고도 남았거든. 그래서 친구들에게도 나누어 줄까 하네."

"친구여, 제발 부탁하는데 내게는 선물을 하나도 가져오지 말게나. 지독한 냄새가 날까 봐 미리부터 걱정이야."

"친구의 정으로 자네에게는 특별히 좋은 것들만 골라 줄 테니 제발 거절하지 말게."

"나도 들어서 알고 있다네. 먼 나라의 왕이 치질을 앓고 있어서 다른 나라의 사신들이 오면 치료를 위해 환부(患部)를 핥게 한다지 않던가? 온갖 정성을 기울여서 열심히 핥을수록 값진 물건과 금은보화를 하사품으로 준다고 들었다네. 예끼, 이 사람아. 억만금을 준다고 해도 나는 절대로 사신 짓은 하지 않겠네. 비록 짚신을 만들어 팔고 허드렛일로 연명하는 한이 있어도 자연을 벗 삼아 새처럼, 물고기처럼 자유롭게 살려네."

영국의 철학자 홉스*는 자연 상태의 인간은 이기적 동물이라고 했는데, 자연 상태에서는 오로지 개인적 충동과 욕망에 따라 행동하기 때문이다. 따라서 자연 상태에서는 "만인에 대한 만인의 투쟁"이 인간을 지배하며, "인간은 인간에 대해 늑대"라고 주장했다. 홉스는 인간의 본성을 악하다고 본 순자*의 성

> 홉스(1588~1679)
> 영국의 철학자로, 성악설을 바탕으로 베이컨의 유물론 철학을 계승하고 체계화했다. 사람은 각자의 이익을 위해 계약을 맺어 국가를 성립함으로써, 인간이 태어나면서부터 지닌 자연권을 제한한다는 사회계약론을 주장했다. 이러한 맥락에서 전제군주제를 이상적인 국가 형태라고 여겼다. 주요 저서에 『리바이어던』, 『인간론』 등이 있다.

악설과 비슷한 생각을 지녔다.

그렇다면 홉스는 어떻게 하면 투쟁과 늑대의 상태를 극복하고 평화와 행복을 얻을 수 있다고 보았을까? 자연 상태에서 인간은 누구나 피해를 볼 수 있고 생존의 위협을 느끼기 때문에, 사회계약*을 맺어야만 평화를 찾고 행복해질 수 있다고 생각했다. 그러므로 투쟁과 늑대의 상태는 악을 대변하고, 사회계약은 선을 대변한다고 볼 수 있다. 자연 상태의 인간은 악하지만, 악을 극복하기 위해 서로 계약을 맺음으로써 선을 실현한다. 따라서 지배욕과 이기심도 계약에 의해 결국 협력과 이타심으로 전환될 수 있다. 그러나 이런 생각에 전적으로 반대하는 사람은 사회계약을 맺어도 평화가 오거나 행복해지지 않는다고 여긴다.

"인간의 본성은 지배욕과 이기심이야. 물론 각자의 지배욕과 이기심이 극도에 달하면 홉스가 말했듯이 투쟁과 늑대의 상태만 남고 사회는 아수라장이 되겠지. 그렇다고 해서 사회계약을 맺으면 평화가 오고 행복해질까? 전혀 그렇지 않아. 인간은 본성상 이기적이고 타인을 지배하려고 들기 때문에, 계약을 맺어도 대부분 눈 가리고 아웅 하는 형식에 불과해. 계약한 쌍방의 지배욕과 이기심은 여전히 사라질 줄 모를 테니까 말이야. 똑같은 떡을 나누어 받고도 사람들은 '남의 떡이 커 보

적자생존
환경에 적응하는 생물만 살아남고 그렇지 못한 것은 도태되는 현상을 가리키는 말로, 영국의 철학자 스펜서가 제창했다.

쇼펜하우어(1788~1860)
염세 사상의 대표자로 불리는 독일의 철학자. 칸트의 인식론에서 출발하여 피히테, 셸링, 헤겔 등의 관념론적 철학자를 공격했지만, 그 근본 사상이나 체계의 구성은 '독일 관념론'에 속한다.

인다'고 생각하잖아? 인간 역시 동물이고 약육강식(弱肉强食)과 적자생존(適者生存)◆의 엄연한 자연법칙을 따르기 때문에 지배욕과 이기심을 결코 극복하거나 버릴 수 없어.

행복? 인간이 행복할 수 있다면 그것은 지극히 순간적일 뿐이야. 인간은 태어나서 죽을 때까지 어쩔 수 없이 불행한 존재거든."

"맞아. 삶 자체가 맹목적이고, 따라서 제아무리 행복해지려 발버둥 쳐도 인간은 불행의 심연에서 빠져나올 수 없어. 오죽하면 쇼펜하우어◆는 삶의 근원적 의지를 카오스, 곧 혼돈이라고 했겠어?"

"나는 생각이 좀 달라. 지배욕과 이기심이 인간의 본성이라는 데는 나도 동감해. 그렇지만 지배욕과 이기심은 인간의 기본적인 욕망이고, 인간은 이를 충족시킬 때 쾌감을 느끼고 행복해지지. 일류 대학에 진학하는 것은 지배욕과 이기심을 충족시켜. 원하는 애인을 쟁취하고 사랑하는 것도, 대기업에 취직하거나 남들이 선망하는 공공기관에 취직하는 것 역시 마찬가지고.

복잡하게 말할 필요가 전혀 없어. 지배욕과 이기심을 충족시키면 누구나 쾌감을 맛보면서 행복한 거야. 간단한 사실을 왜들 그렇게 복잡하게 설명하려고 들지?"

"내가 보기에 자기 보존이나 살려는 의지는 인간의 본성이라고 할 수 있겠지만, 지배욕과 이기심을 인간의 본성이라고 하는 것은 너무 편

협한 생각이 아닐까? 인간은 그렇게 단순한 존재가 아니라고 봐. 길고

긴 역사와 문화를 통해 인간은 지구상에 유례없는 사회적 동물로서 살

아가고 있어. 물론 지배욕과 이기심을 충족시킴으로써 쾌감을 느끼고

행복감에 젖는 사람도 있겠지. 하지만 그런 행복은 부정적인 것이야. 왜

냐고? 행복이란 자유, 평등, 박애의 정신이 구현될 때 성립하기 때문에,

이기적 쾌감은 단지 주관적이고 순간적인 쾌감에 그치고 말아.”

역사에 수없이 등장한 독재자와 전제군주 들은 지배욕과 이기심을

충족시키기 위해서는 눈에 보이는 것이 없이 행동했다. 과연 그들이 행

복했을까? 헤겔은 가정과 사회와 국가의 윤리적 핵심은 사랑과 협력

과 법이라고 했다. 지배욕과 이기심의 충족을 사랑과 협력과 법으로 전환하여 발전시킬 때 비로소 행복이 실현된다는 말이다. 타인과 공동체를 무시한 개인적이며 주관적인 쾌감은 사회뿐 아니라 자기 자신에게마저 행복보다는 불행을 초래하기 때문이다.

개인의 권력을 넘어
공동체의 권리로

사람들은 돈과 명예와 권력이 행복을 보장해 준다고 굳게 믿곤 한다.

"사람은 최소한의 돈은 가지고 있어야 해. 저 아래쪽에 사는 배 서방은 너무 불쌍해. 배운 것도 없고 가진 것도 없는 데다 노모마저 치매에 걸렸으니 큰일이야. 배 서방의 아내도 읍내 식당에서 설거지 일을 하는데 몇 푼 받지도 못한대. 배 서방도 막노동 일이 많아야 그나마 돈을 버는데, 요새는 장마철이라 그마저도 쉽지 않다더군. 노모를 요양원에 입원시키려고 해도 의료보험 혜택 말고도 보호자가 매달 40만 원은 부담해야 한다는데, 그 돈 마련이 그렇게 쉽지 않은가 봐."

"그래, 뭐니 뭐니 해도 돈이 있어야 행복해. 기형이네 집은 금년에 기형이가 일류 대학을 졸업하고 대기업에 떡하니 취직해서 첫 월급을 300만 원 넘게 탔대. 기형이 엄마는 이젠 기형이 덕분에 불행은 끝났다고 자랑하면서 그렇게 원하던 백내장 수술도 서울에 있는 좋은 병원에 가서 간단히 해 버렸다대."

"돈과 권력은 한통속이야. 윗마을 군천이네는 어떻고? 군천이 뒷바라지하느라 은행 대출에다 친척들 빚까지, 군천이 부모가 한시도 시름에서 벗어나지 못했잖아? 그런데 군천이가 사법 고시에 떡하니 붙고 연수원을 졸업한 후 검사 나리가 되니까, 중매쟁이들이 내로라하는 신붓감들을 소개하느라 정신이 없다잖아? 어떤 신부는 군천이와 결혼만 하면 아파트에 자가용에 지참금까지 가지고 오겠다고 했대.

어떤 사람은 돈과 권력은 사람을 버려 놓고 불행하게 만든다고 하지만, 그건 돈과 권력을 제대로 맛보지 못한 사람이 괜히 하는 소리야. 이 세상에서 제일 맛있고 탐스러운 게 돈과 권력이거든. 그러니까 고위 관리나 국회의원이나 대학교수도 체면 불구하고 돈과 권력이라면 사족을 못 쓰는 것 아니겠어? 솔직히 터놓고 말하자면 돈과 권력은 행복의 보증수표라고 생각해."

"그 말이 맞아. 그렇지만 나는 돈보다 권력이 더 큰 힘을 발휘하고, 따라서 행복을 좌지우지하는 것이 바로 권력이라고 봐."

자유와 평등과 박애를 전제로 하지 않은 권력, 권리로 승화되지 못한 권력은 독재 권력이다. 그러한 권력은 행복과는 거리가 멀다. 독일의 히틀러는 게르만 족이 세계를 지배해야 한다고 주장하며 세계대전을 일으켰고, 수천만 명의 인명을 희생시켰다. 스탈린*이나 카스트로*, 김일성 등의 독재자들 역시 입으로만 인민을 잘살게 한다면서 멋대로 권력을 휘두르고 저 혼자 호의호식하기에 여념이 없었다.

권리는 의무와 책임을 동반하는 정치적 힘이다. 또한 나와 남, 공동체 사회를 우선적으로 생각하는 시민 의식의 발로이기도 하다. 따라서 권리로 승화된 권력이 실행될 때, 사회 구성원들은 행복한 삶으로 나아갈 수 있다. 의무와 책임을 도외시하고 공동체 의식이 결여된 권력은 수많은 사람에 대한 폭력에 지나지 않는다. 우리나라에서는 아직도 그 영향력이 정치뿐만 아니라 경제, 교육, 산업, 문화 등 사회 전반에 걸쳐서 지배적으로 드러나고 있는 실정이다.

"우리 아빠가 어느 사립대학 직원으로 근무하는데, 가끔 아빠는 한숨을 내쉬면서 대학교 이사장의 권력이 얼마나 엄청난지 직접 겪어 보지 않고는 모른다고 말씀하셔. 이사장이 교문만 통과하면 정문 수위가 비서실에 연락하고, 그러면 비서들과 비서실장이 이사장실 문 밖에 서 있다가 이사장이 나타나는 순간 정중하게 '안녕하십니까? 어서 오십시오'라고 합창한다는 거야.

이사장은 1년에 2~3억이 넘는 판공비 대부분을 골프를 치거나 호텔에서 식사하는 데 마음대로 쓴다더라고. 게다가 암암리에 직원과 교수 채용에도 압력을 행사하고, 직원이나 교수의 보직 인사에도 절대권을 가지고 있대. 아빠는 한숨을 내쉬다가도 껄껄 웃으면서 '세상에서 제일 맛있는 것은 권력인가 봐. 나도 죽기 전에 열흘만 이사장을 해 봤으면 원이 없겠네'라고 푸념하셔."

"권력이 없다고 너무 불행하게만 생각하지 않았으면 좋겠어. 여기저기 둘러보면 돈과 권력과 명예를 행복의 기본 조건으로 여기는 사람들이 너무 많은 것은 사실이야. 이런 환경에서 청소년들의 창의성, 독립성, 비판적 사고가 부족해질 수밖에 없는 것도 사실이고. 이것이 누구의 책임이지? 사회 구성원 모두의 책임이야. 공동체 사회에 대한 의무와 책임 의식이 성숙하기 시작하는 순간, 우리는 이기적이고 주관적인 권력이 결코 행복을 가져다줄 수 없다는 사실을 자각하게 될 거야."

"오래전에 대통령을 했던 사람과 그 가족이 엄청난 액수의 비자금을 감추어 두었는데, 무슨 이유에서인지 검찰에서는 오랜 시간이 흐른 후에야 수사하느니 비자금을 환수하겠다느니 했어. 그랬더니 그 가족이 비자금 일부를 반납하는 문제를 두고 가족회의를 열었다는 언론 보도가 있었지. 이런 사실은 대통령을 지냈던 사람의 권력이 아직도 빛을 잃지 않고 있다는 증거가 아니겠어? 대통령 그만둔 지 20년도 더 지난 지금에 와서 비자금 환수니 어쩌니 하는데, 그동안 검찰은 잠만 잔 것도 아닐 테니, 결국 권력의 잔뿌리가 여전히 힘이 있었다는 말이 되지."

"맞아. 그렇지만 '콩 심은 데 콩 나고 팥 심은 데 팥 난다'는 말이 있잖아. 인간은 사회적 동물이야. 프랑스 혁명만 보아도 루이 16세 때까지 왕들은 독재 권력을 휘둘렀고 시민들은 고통스러워하면서도 그 권력에 놀아났어. 그러나 고통이 극에 달하자 시민들은 '자유·평등·박애'를 부르짖으면서 루이 16세와 왕비 마리 앙투아네트를 단두대의 이슬로 사라지게 했지. 영원히 이어지는 권력은 없는 거야."

"권력을 권리로 승화하기란 참으로 힘든 일이야. 고대 중국의 요임금*과 순임금*은 백성을 자식처럼 생각하면서 선정(善政)을 베풀었다고 해. 우리나라를 보면 세종대왕은 권리로서의 권력을 행사한 왕이라고 할 수 있겠지. 또 이순신 역시 의무와 책임을 동반한 권력을 행사한 인물이야. 그치만 그 긴 역사에서 이런 사람들은 극히 드물었잖아."

권력이 바로 행복이라고 하는 생각은 독단적일 뿐만 아니라 이기적이며 주관적인 사고방식이기도 하다. 대부분의 독재자들은 "내가 최고의 선이니까 내 뜻을 따라야 행복하다"라고 주장하고, 독재 사회의 구성원 대부분은 "지도자 동지야말로 우리의 의식주를 해결해 주는 참다운 영도자이니 내 생명 다하도록 지도자 동지를 섬기겠습니다"라고 외치며 충성을 다짐한다. 절대적인 독재 권력이 휘두르는 사회, 곧 전제 국가나 대부분의 공산주의 국가에서는 의무와 책임과 권리를 망각한 극소수의 사회 고위층 인사들이 자신의 지배욕과 이기심을 채우기 위해 마음껏 권력을 휘두르면서도, 자기야말로 태양처럼 모든 인민을 행복하게 해 준다는 잠꼬대를 끊임없이 되풀이한다.

조삼모사(朝三暮四)라는 말이 있다. 중국 송나라 시절 저공(狙公)이라는 사람이 원숭이들을 키웠는데, 아침엔 열매를 세 개, 저녁엔 네 개를 주겠다고 하자 원숭이들은 왜 아침에 적게 주느냐며 야단법석이었다. 이에 저공이 그러면 아침에 네 개, 저녁에 세 개를 주겠다고 하자 원숭이들은 행복해하면서 그 말에 따랐다고 한다. 전체 양은 똑같은데도 당장의 양이 많은 것만으로 행복해할 만큼 어리석은 사람을 빗댄 이야기다. 공동체 의식과 시민 의식이 결여되어 있고 창의성, 자발성, 비판적 의식 등이 성숙하지 못할 경우, 사람들은 순간적인 욕망 충족을 행복이라고 착각한다. 그러나 의무와 책임감을 동반하지 않는 권력은 순간의 욕망을 충족시켜 줄지는 몰라도 인간을 결국 허수아비로 만들어 버리고 만다.

나와 가정과 사회와 국가는 불가분의 관계를 맺고 있다. 공동체 사회 안에서 살아가는 각자의 '나'가 성숙한 시민 의식 및 공동체 의식을 갈고닦아야 비로소 권력은 의무와 책임을 기초로 하는 권리로 승화될 것이다.

민주주의의 형성과
자유·평등·박애의 실현

미국의 16대 대통령 링컨이 주장한 민주
주의 정부는 "국민에 의한, 국민을 위한, 국민의 정부"였다. 고대 그리스
에서는 시민들이 정치적 결정에 직접 참여했는데, 인구 2~4만 명의 도
시국가(폴리스)에서는 직접민주주의가 가능했기 때문이다.

아리스토텔레스는 국가는 최선을 다해 개인의 덕과 행복을 뒷받침해
야 한다고 주장하면서, 정치제도는 역사의 전개에 따라 왕정, 전제정치,
귀족정치, 과두정치, 민주주의의 순서를 밟아 순환한다고 설명했다. 가
장 낮은 문화 단계에서는 가장 재능 있는 인간(왕)이 법률과 민심에 따
라 백성을 다스리는데, 이를 왕정이라 한다. 이후 가장 힘 있는 자가 등
장해서 민의나 법률의 제약을 받지 않고 민중을 지배하면 전제 국가가

성립한다. 귀족들이 전제군주를 몰아내고 국가를 지배하면 귀족정치가 성립하여 한 단계 높은 문화가 이루어진다. 그렇지만 귀족들을 물리치고 더욱 영향력 있는 몇몇 사람이 지배권을 차지할 경우 과두정치가 등장한다. 백성들이 과두정치를 전복하고 스스로 자신의 운명을 이끌어 갈 경우 민주주의가 들어선다. 그러나 민주주의는 사회의 하층 천민이 지배권을 차지해서 천민 정치가 될 위험이 있다. 이때 가장 재능 있는 사람이 다시 지배권을 차지하여 혼란에 처한 국가를 재정비하면, 정치 형태는 다시금 새로운 순환을 맞이하게 된다. 이와 같은 과정 중 플라톤은 왕정을, 아리스토텔레스는 귀족정치를 바람직한 정치 형태라고 여겼다. 플라톤과 아리스토텔레스만 해도 민주주의를 천민 정치의 형태로 보았던 것이다.

"민주주의 정치가 실현되기 시작한 건 16세기에서 17세기에 이르는 기간이야. 오랜 봉건주의 시대가 끝나면서 영국에 자유 시민계급이 등장하여 의회를 구성한 사건이 바로 근대 민주주의의 시발점이었다고 해. 15세기와 16세기 사이에 봉건주의가 많이 흔들리면서 사회 변화가 두드러지게 나타나기 시작했어. 사상적으로는 2세기부터 14세기까지를 봉건주의 시대라고 하지만 정치적·경제적으로는 민족대이동*이 일어난 4세기부터 14세기까지를 중세 봉건주의 시대라고 해. 동유럽에는 일찍이 왕국들이 자리 잡고 안정되었지만, 서유럽에서는 수많은

> **민족대이동**
> 4세기 말 동방의 훈족이 서진(西進)하자 게르만계의 여러 부족이 대규모로 로마제국의 영토 안으로 이주하여 여러 부족왕국을 건설한 6세기 말까지의 과정을 가리킨다. 이를 기점으로 중세 봉건국가로의 국가체제의 변환이 일어나고, 기독교 신앙이 보편적 지위를 확보하게 되었다.

봉건영주들이 끊임없이 전쟁을 벌이며 힘겨루기를 하고 있었거든. 물론 왕은 있었지만 지방마다 많은 봉건영주들이 독립적인 세력을 떨치면서 봉건국가 곳곳에 토지를 소유하고 그곳 농노들에게 일정한 세금을 내게 했지. 귀족의 힘이 미치지 않는 먼 곳에서는 자유농민들이 농사를 짓고 세금을 내야 했고. 그러나 세월이 가면서 부를 축적한 자유농민들이 도시로 나와서 경제활동을 하면서 경제권과 아울러 정치권도 가지게 되었대. 특히 영국에서는 자유 시민계급의 사람들이 뭉쳐 의

회를 결성하고 자신들은 하원을, 기존의 귀족들은 상원을 구성하게 한 거야."

"링컨이 말한 '국민에 의한, 국민을 위한, 국민의 정부'는 바로 민주주의 정치의 모델이고, 이는 영국에서 처음 구체화된 거구나. 600~700년 이상 농노는 물론이고 소작농도 왕정과 봉건 정치 아래에서 귀족들에게 인간 이하의 대접을 받으면서 천민으로 지낼 수밖에 없었겠지. 르네상스 이후 농노와 소작민 들이 경제권과 정치권을 얻으면서 인간의 자유·평등·박애 정신을 자각하기 시작해서 근대 영국의 민주주의를 꽃피운 것일 테고. 그렇지만 민주주의의 열매는 어디까지나 1789년에 폭발한 프랑스 혁명과 함께 완전히 무르익은 거라고 봐."

아리스토텔레스가 언급한 민주주의는 교육받지 못하고 시민 의식이 성숙하지 못한 하층 천민이 지배하는 정치 형태였다. 그러나 오늘날의 민주주의는 정의라는 정치 이상을 궁극적인 목적으로 삼고, 사회 구성원의 복지와 안녕을 최대한 뒷받침하여 공동체 의식을 갖춘 시민들이 마음껏 행복을 누리게 하는 정치를 말한다.

왕정, 전제정치(또는 독재정치), 귀족정치, 과두정치에서는 돈과 명예뿐만 아니라 권력까지도 지배욕과 이기심을 충족시키기 위한 수단으로, 소수의 전유물이 되기 쉽다. 그러나 성숙한 시민사회에서는 권력이 공동체 구성원 모두에게 골고루 분배됨으로써 평등한 권리가 보장된 민주주의가 성립된다. 즉, 누구에게나 교육과 성취의 기회가 공정하게 열려 있는 사회가 정의로운 사회다. 물론 인간은 못 먹고 못 입고 독재자의 억압에 시달리거나 무고하게 감옥에 갇히더라도 행복할 수 있지만, 그런 행복은 주관적이고 순간적이다. 이는 돈과 명예와 권력이 가져다주는 일시적인 행복과 별다를 것이 없다.

"나는 듀이의 『민주주의와 교육』 그리고 『논리학-탐구의 이론』을 읽고 크게 감명받았어. 탐구 정신과 교육과 민주주의는 서로 뗄 수 없는 관계를 맺고 있더라고. 물론 듀이도 삶의 목적을 행복으로 보고 있지. 그러나 행복하기 위해서 인간은 끊임없이 탐구하고 교육받음으로써 민주주의 사회를 확립해야 한다고 보았어.

듀이는 자신의 철학을 도구주의 또는 자연주의적 실재론이라고 불렀어. 물론 그는 미국 철학인 실용주의*를 대변하는 철학자이긴 해. 퍼스*와 제임스*의 실용주의를 종합하고, 칸트의 인식론과 헤겔의 변증법 그리고 다윈의 진화론의 영향을 받아 투자적인 실용주의를 구성했거든. 때문에 교육철학에서 특히 두드러진 철학자가 되었어."

듀이가 말하는 '탐구'란 문제 상황에 직면했을 때 불확정된 상황으로부터 일정한 과정을 거쳐 확정된 상황에 도달하는 것을 말한다. 그러

실용주의
19세기 후반 이후에 미국을 중심으로 실제의 결과가 진리를 판단하는 기준이라고 주장한 철학 사상이다. 행동을 중시하며 사고나 관념의 진리성은 실험적인 검증을 통해 객관적으로 타당해야 한다고 역설했다.

퍼스(1839~1914)
미국의 철학자이자 기호학자이다. 실용주의의 창시자이면서, 스위스의 언어학자인 소쉬르와 함께 현대 기호론의 선구자로 불린다.

제임스(1842~1910)
미국의 심리학자이자 철학자로 실험심리학의 창시자 중 한 명이다. 철학에서는 실용주의를 사상운동으로 발전시키고, 이를 현대철학의 주류로 끌어올렸다.

니까 불확정적 가설을 형성하고 추리와 실험을 거쳐서 확정적 결론을 내리는 일련의 과정을 통해 문제를 해결하는 것이다.

이때 문제 상황을 해결할 수 있는 인간의 능력은 지성이다. 인간의 창조적 지성은 현재의 조건 안에서 미래를 예견함으로써 행동의 지침을 세운다. 즉, 지성은 인간의 창조적 도구이며 관념, 견해, 개념 등은 문제 상황을 해결하는 데 필요한 지성의 산물이다. 듀이는 도구의 성공적 작용을 일컬어서 진리라고 했다. 따라서 문제 상황을 해결하기 위해서는, 다시 말해서 탐구 과정을 성공적으로 완성하고, 확정된 상황에 도달하여 행복해지기 위해서는 무엇보다도 교육이 필요하다고 주장했다.

듀이는 자신의 실용주의를 인본주의*라고 부르는데, 이는 민주주의를 바탕으로 한다. 창조적 지성을 자발적으로 사용하기 위해서는 자유와 평등과 박애가 정치적·경제적으로 보장되어야 하며, 무엇보다 인본주의와 민주주의에 대한 청소년 교육이 중요할 수밖에 없다. 지식은 남에게 자랑하기 위한 무기가 아니고, 모름지기 인류의 사회적 진보에 기여해야만 가치 있는 앎이 된다. 삶의 목표는 더 완전한 사회적 현실, 곧 행복한 현실을 만드는 것이다. 이때 행복한 현실이란 누구나 자유롭고 평등하게 공정한 사회참여의 기회를 보장받을 수 있는 민주주의 사회라는 것이 듀이의 주장이다.

정치적·경제적으로 공정한 민주주의가 실현되지 않고 특정 계층만이 부와 권력과 명예를 독점하며

인본주의
인문주의 또는 휴머니즘이라고도 하며, 르네상스 시대에 이탈리아에서 발생하여 유럽으로 퍼져 나간 정신 운동이다. 가톨릭 교회의 권위와 신 중심의 세계관에서 인간을 해방시키고, 그리스 로마의 고전 연구를 통해 인간의 존엄성을 회복해 문화적 교양을 발전시키려 했다.

민주주의를 사칭하는 사회에서는 객관적인 행복을 전혀 찾아볼 수 없다. 사회 구성원이 창의적이고 자발적인 비판 의식을 가지고 공정하고 정의로운 민주주의 체제를 다져 가며 자신의 권리를 주장하고 실현해야만 인간은 주관적이면서도 객관적인 행복을 모두 흡족하게 맛볼 수 있다.

공정한 기회와
열린 교육

인류의 역사와 문화를 되돌아보면, 행복한 인간과 사회를 위해서는 무수히 많은 시행착오와 깊고 넓은 체험이 필수적임을 알 수 있다.

"작년 고 2 여름 방학 때 엄마와 함께 일주일간 프랑스의 수도 파리를 여행했어요. 엄마는 여행을 좋아해서 파리만 세 번째로 방문했다고 하는데, 나는 중학교 때 2박 3일로 엄마와 함께 도쿄를 다녀온 후로 해외여행은 이번이 두 번째였어요. 거리와 건물, 교통을 비롯해서 파리 사람들의 패션과 매너까지 유심히 살폈어요.

패키지 여행이 아니라서 엄마랑 둘이서 왕복 비행기 표만 끊었고,

파리에서 직접 발품을 팔아 싼 호텔을 찾았어요. 그
래서 비행기로 오간 이틀을 빼고 5일간 대중교통에
의존해서 비교적 여유롭게 여기저기를 기웃거릴 수
있었지요. 엄마는 파리의 역사, 프랑스인들의 음식과
포도주 문화, 프랑스 혁명과 개인주의*, 프랑스와 독

개인주의
개인의 가치를 존중하여
인간의 자유와 권위를 기
초로 행위의 준거를 규정
하는 윤리주의

일의 관계 등에 관해서 시간이 있을 때마다 꽤 상세하게 설명해 주었
어요. 엄마의 설명을 듣고 파리의 곳곳을 둘러보면서 '로마는 하루아
침에 이루어지지 않았다'는 말의 의미를 실감할 수 있었어요.

　돈만 많다고 선진국이 되는 게 아니더라고요. 두바이나 사우디아라
비아와 같은 중동의 석유 부국들은 돈이 넘쳐나긴 해도 선진국은 아니
잖아요. 선진국이라면 기본적으로 부유해야 하지만, 다른 어떤 것보다
도 고도로 발달한 문화 수준이 필수적이에요. 말하자면 확고한 시민
의식과 공동체 의식을 바탕으로 민주주의 정치가 실현되는 나라만이
선진국인 것이지요. 그러니 선진국 사람들이, 그것도 선진국의 청소년
들이 행복한 것은 당연하다고 생각해요."

　"나도 전적으로 동감해. 내가 듣기로는 스칸디나비아 국가들의 청소
년의 행복 지수가 세계에서 제일 높다고 해. 아마도 사회 전체가 아이
들의 홀로서기에 집중적으로 관심을 기울이고 지원하며, 무엇보다도
아동과 청소년의 인성과 적성에 맞는 교육을 시행하고, 창의성과 자발
성 그리고 비판적 사고의 육성을 최대한으로 지원하기 때문일 거야."

　"수많은 시행착오와 자각이 없으면 결코 선진국이 될 수 없다고 봐
요. 선진국이란 한마디로 공정한 사회예요. 가정이나 직장에서 남녀평

등이 당연하고, 경제적·사회적 지위가 결코 수직적이지 않고 수평적이며, 누구나 교육과 직업의 기회를 평등하게 누릴 수 있는 공정한 사회가 바로 선진국이에요."

핀란드와 같은 나라는 자본주의 국가이면서도 사회주의를 잘 조화시키고 있다. 핀란드의 손꼽히는 갑부가 신호등을 무시하고 달려 교통법규를 위반한다면, 평범한 서민은 10만 원 정도의 범칙금만 내면 되지만 많이 가진 자가 많이 내야 한다는 규정에 따라 갑부는 몇 천만 원에 달하는 범칙금을 납부해야 한다.

또한 독일이나 프랑스와 같은 나라들은 의료보험 제도가 매우 발달했다. 모든 국민이 보험료를 내지만, 어떤 질병에 걸리든 치료비는 건강보험 기관에서 해결해 준다. 물론 많이 가진 자는 보험료를 많이 내고, 못 가진 자는 덜 낸다. 보험료를 많이 내는 사람이 입원하면 특실이 제공되고, 일반인에게는 일반 입원실이 제공되지만 치료 수준은 동일하다.

프랑스의 의료보험 제도와 교육제도만 보아도 공정한 사회와 진정한 민주주의란 무엇인지 알 수 있다. 프랑스는 유치원부터 대학까지 학비가 없거나 매우 저렴하다. 그 까닭은 물론 학교가 시민들의 세금으로 운영되기 때문이다. 우리나라에서는 의사, 변호사, 판사, 검사 등이 돈과 권력의 대명사나 다름없는데, 의대나 법대 혹은 의학 전문 대학원이나 법학 전문 대학원에 다닐 때 오랜 시간 동안 엄청나게 비싼 등록금과 책값을 부담해야 한다. 그러니까 농담 반, 진담 반으로 의사나 변호사는 본전을 뽑으려고 비싼 값을 부른다는 말까지 생긴 것이다. 그러

나 프랑스나 독일에서는 의대나 법대를 다녀도 학비가 거의 들지 않는
다. 대부분의 대학생은 생활비로 쓸 수 있도록 정부에서 장학금을 받
고, 졸업 후 취직해서 일정 기간에 걸쳐 갚는다. 등록금은 독일의 경우
전액 무료이고, 프랑스의 경우 학교마다 편차는 있으나 사회보장 보험
을 포함한 1년 학비가 학사 과정은 약 180유로(약 27만 원), 가장 비싼
박사 과정 대학원도 300~400유로(약 44만~59만 원)에 불과하다.

또 프랑스나 독일의 대학생과 대학원생 들은 원하면 대학을 옮겨 다
닐 수 있다. 예컨대 사회학을 전공하다가 자신이 택한 대학이나 교수가
마음에 들지 않으면, 미리 신청해서 다음 학기에는 다른 대학의 교수
에게 사회학을 공부할 수 있다. 엄청난 입시 비용이나 학연을 의식해
섣불리 운신할 수 없는 한국의 현실과 달리 학문과 이동의 자유가 보
장된 셈이다.

"사회적 합의가 정당하게 도출될 수 있는 사회가 공정한 사회라고 할
수 있어. 동독과 서독이 통일되었을 때, 독일에서는 엄청난 변화가 있
었대. 한 예로, 그때까지 공산당원이었던 모든 공직자와 대학교수 들
은 모두 해직되어 다른 직업을 구해야만 했고, 서독 사람들 역시 이전
보다 더 많은 세금을 부담해야 했다고 해. 별것 아닌 것 같지만, 국민의
동의와 자발적 참여가 없으면 이루어지기 어려운 일이지. 그러니 우리
나라라면 과연 그런 일이 가능했을지 생각하게 돼. 철저한 탐구의 자
세와 타당한 논리가 뒷받침되어 확고한 민주주의가 뿌리내려야만 문제
상황을 해결해서 확정된 상황에 도달할 수 있다는 듀이의 생각처럼,

델포이

그리스 중부 파르나소스 산 중턱에 있는 고대 그리스의 중심지이다. 제우스의 아들이자 태양·궁술·음악·의료·예언의 신 아폴론을 모시는 신전이 있어, 사람들은 그곳에서 신탁을 받았다. "소크라테스보다 더 현명한 자는 없다"는 신탁이 있었다고 전해진다.

활발한 의사소통을 통해 토론이 전개될 수 있는 대화의 장이 열려야만 더 많은 사람과 다양한 생각을 포용할 수 있는 사회가 가능해져. 그렇지 않으면 사회의 안녕과 복지는 실현되기 어려울 거야."

공정한 사회는 투명한 사회이며, 모든 사회 구성원이 각자의 분야에서 자신의 삶 일부를 성실하게 투자한다. 그러니 공정한 사회가 이루어지려면 참다운 청소년 교육을 무엇보다도 우선해야 한다. 각 구성원의 철두철미한 각성과 자각 없이 공정한 사회로 들어가는 문은 열리지 않기 때문이다. 자유·평등·박애를 바탕으로 하는 정의의 문이 열리지 않는 한, 청소년을 비롯한 사회 구성원들의 앞날은 암울할 수밖에 없다. 정의가 실현된 사회만이 구성원 모두에게 공평한 자기실현의 기회와 인간적인 삶을 누릴 수 있는 복지를 제공할 수 있기 때문이다.

이렇듯 공정하고 행복한 사회를 만들기 위해서는 사회 구성원들의 지혜가 필요하다. 소크라테스가 델포이 신전의 입구에 적혀 있던 "너 자신을 알라"라는 문구를 젊은이에게 끊임없이 이야기한 이유도 진지한 성찰을 통해 나 자신에 대한 앎을 깨치고, 나아가 내가 속한 사회와 그 구성원을 두루 생각할 수 있는 지혜를 갖추라는 뜻이었을 것이다. 그러므로 끊임없는 자기비판과 자기 각성은 공정한 사회가 어떤 것인지 묻고 답하는 실마리가 된다.

생각해 볼 문제

❶ 마르크스는 물질적 욕망 충족이 행복이라고 했다. 그 근거는 무엇인 가? 마르크스의 주장이 정당한지 아닌지 토론해 보자.

❷ 돈의 역사적 형성 과정과 그 배경을 알아보고, 돈이 삶에 미치는 긍 정적 영향과 부정적 영향을 말해 보자.

❸ 지배욕과 이기심은 과연 인간의 본성일까? 사랑과 이타심은? 성선 설과 성악설 중 어느 것이 더 타당하다고 생각하는가?

❹ 권력과 권리의 의미는 무엇인가? 권리로서의 권력이 행복을 구현할 수 있는 이유를 구체적인 예를 들어 설명해 보자.

❺ 민주주의와 교육은 불가분의 관계를 맺고 있다. 열린 교육이 민주주 의 사회 건설을 위해 필수적인 이유를 이야기해 보자.

❻ 공정한 사회가 어떤 것인지 각자의 경험을 바탕으로 이야기해 보자. 성숙한 시민 의식과 공동체 의식이 공정한 사회를 위한 기본 전제인 이유를 알아보자.

The Art of **4장** Happiness

건강한 나를
찾아가는 길

감기나 몸살에 걸리면 빨리 나아서 건강을 되찾으려고 애쓴다. 아무리 가벼운 병이라도 건강이
얼마나 소중한지 새삼스레 깨닫게 되기 때문이다. 그러므로 질병은 건강으로 가기 위한 전환점
이다. 마음의 질병 또한 마찬가지다. 몸이 아플 때 병원을 찾아 진단을 받고, 몸에 좋은 음식을
먹고, 질병의 원인을 찾아 고치듯 부모님을 비롯한 주변 친구나 선생님 들과 대화를 나누고, 무
엇보다 스스로의 마음을 깊이 들여다보아야 한다.

몸과 마음은
한길을 걷는다

불교에서는 고(苦), 집(集), 멸(滅), 도(道)를 네 가지 진리라고 일컫는다. 제행무상(諸行無常)*, 제법무아(諸法無我)*, 일체개고(一切皆苦)*, 열반적정(涅槃寂靜)*이라고 풀어서 말하기도 한다. 삶이란 고통이 쌓인 것이므로 고집(苦集)이고, 이 때문에 번민과 혼돈이 생긴다. 그러나 고집을 없애면 깨달음에 도달하므로 멸도(滅道)라고 한다.

이 세상 만물의 모든 변화가 한결같지 않은 것을 제행무상이라고 한다. 그러므로 모든 사물들은 확고부동한 자아가 있을 수 없으니 제법무아인 것이다.

제행무상
우주의 모든 사물이 항상 돌고 변하여 한 모양에 머무르지 않는다는 뜻

제법무아
모든 사물은 인연에 의해 생겨나고 변하지 않는 참다운 자아의 실체는 존재하지 않는다는 뜻

일체개고
사람이 무상(無常)과 무아(無我)를 깨닫지 못하고 영생에 집착하여 온갖 고통에 빠져 있다는 말

열반적정
열반의 경지는 고요하고
청정하며 안정된 상태임을
이르는 말

세상만사가 한결같지 않고 정해진 자아가 없으면 모든 것이 고통만 안겨 줄 뿐이다. 그러므로 고통의 촛불을 불어서 끄면 조용하고 고요한 깨달음의 경지에 들어선다는 것이 불교의 기본 가르침이다.

"불교나 도교 또는 유교의 가르침은 너무 심오해서 아직은 제대로 이해할 수 없어. 내가 생각하기엔 모든 종교의 가르침은 결국 자유롭고 행복하게 살라는 거야. 물론 특정한 사람들이 종교의 참뜻을 왜곡해 돈을 갈취하고 신도들의 정신마저 병들게 하는 경우도 많다고 들었어. 그러니 경전의 본래 의미를 있는 그대로 보려고 스스로 노력해야겠지. 불교만 해도 스스로 수행하고 정진하여 마음을 깨끗하게 닦고 건강하게 살기를 가르치는 종교가 아니겠어?"

"그래. 넓게 보면 인류 문화 자체가 인간의 몸과 마음의 건강을 촉진시키는 역할을 담당하고 있는 것 같아. 불교도 모든 악을 떠나서 자비와 선행을 베풀면서 삶의 깨달음을 얻어서 열반의 경지에 드는 것을 목적으로 삼고 있잖아?"

건강과 선과 행복은 떼려야 뗄 수 없는 관계다. 건강에 대립되는 개념은 질병이다. 건강을 충만함이라고 한다면, 질병은 결핍이다. 건강은 선이지만, 질병은 악이다. 질병에는 고통과 한숨이 동반되지만, 건강에는 기쁨과 행복이 뒤따른다. 몸과 마음이 건강하면 아름답다. 형식적이고 임시방편으로 꾸민 건강은 아름다운 것처럼 보이지만, 이는 순간적이고 겉보기에 불과한 것으로 결국 질병에 지나지 않는다. 요새 청소년이나 젊은이 중에는 짙은 화장이나 성형수술에 의존해서 건강미를 돋보이게 하려는 경향이 있는데, 아무리 보아도 어딘가 어색하고 부자연스러워서 절로 한숨을 내쉬게 된다.

"성실함과 진솔함이 없으면 신체의 건강은 물론이고 정신적인 건강도 쉽사리 잃고 말아. 몸의 건강과 아울러 자신을 가꾸려는 성실한 인내와 진솔한 자각이 확실히 배어 있는 마음의 건강이야말로 참다운 건강이야. 그런 뜻에서 건강을 잃으면 모든 것을 잃는다고 말하는 것 아니겠어?"

"맞아. 예전에 왕따를 당하다가 견디지 못하고 아파트 옥상에서 뛰어내려 투신자살한 여고생에 관한 기사가 신문에 짤막하게 난 것을 읽은 적이 있어. 내가 보기엔 왕따시킨 학생들과 왕따당한 학생 모두 건강하지 못했어. 양쪽 모두 인간의 고귀한 인격에 대한 성찰이 결여되어 있었거든. 왕따시킨 학생들은 타인이 나와 똑같은 인격체라는 생각이 없었고, 왕따당한 학생은 고통과 번민을 극복해 자신의 삶을 밝고 건강하게 이끌어 갈 힘과 의지를 잃은 거지. 물론 왕따시킨 학생들의 책임이 더크지만, 양쪽 모두 병든 영혼의 소유자들이었다고 볼 수 있겠지."

최근 청소년들은 여러 가지 이유로 신체는 물론이고 정신의 건강마저 제대로 지키지 못하는 상황이다. 식생활과 환경이 서구화되어서인지 과거에 비해 키도 크고 덩치도 커졌지만, 체력은 약하다. 아마도 가

정과 학교 안팎으로 많이 시달리기 때문일 것이다. 청소년들을 가장 힘들게 하고 불행하게 만드는 원인은 뭐니 뭐니 해도 대학 진학일 텐데, 최근 청소년들의 자살률이 급증한 이유도 대입 위주의 학업 때문이라고 생각한다.

　대학 진학을 마음먹은 대부분의 학생들은 복잡한 입시 제도에 휘둘리면서 희망과 절망, 행복과 불행의 파도를 수없이 오르내려야 한다. 대학 입시에 실패하여 재수하는 학생은 절벽에서 떨어지는 듯한 아찔함과 고통을 오래도록 가슴 깊이 새기지 않으면 안 된다. 성적 때문에 좋아하지도 않고 적성에도 맞지 않는 학과에 입학해서 억지로 다니는 학생들은 상당 기간 불행을 맛보곤 한다. 이렇게 되면 마음만 병드는 것이 아니라 몸의 건강마저 잃게 된다.

플라톤만 하더라도 이상 국가를 건설하기 위해서는 청소년 교육, 특히 건강한 몸과 마음의 교육이 절대적으로 중요하다고 강조했다. 특히 국가 지도자의 교육 내용으로 수학, 변증술*, 체육 등이 필수적이라고 했다. 수학이나 변증술이나 철학 등은 건강한 마음을 위한 교육 내용이고, 체육은 건강한 몸을 위한 것이다.

변증술
고대 그리스에서 철학자가 익혀야 하는 최종이자 최상의 학문이다. 플라톤은 수학, 기하학, 천문학 등은 서곡일 뿐이며, 변증술이야말로 본곡이라 보았다. 이는 로고스(이성, 논증)를 주고받을 수 있는 능력으로 이데아(본질, 진리)를 인식할 수 있는 힘이라고 하였다.

그런데 사람들은 몸과 마음을 따로 떼어서 생각하는 습관이 있다. 최근에는 생리학, 신경학, 생명공학 등 개별 과학이 눈부시게 발달하면서 점차 몸과 마음이 하나라고 생각하게 되었다. 그러나 몸은 건강해도 정신적으로 병든 사람이 있는가 하면, 정신적으로는 흠 하나 없이 건강한데 몸이 병들어서 고통스러워한다면, 여전히 몸과 마음이 하나라고 말할 수 있을까?

프로스포츠의 감독이나 선수가 승부를 조작하여 뒷돈을 챙겼다는 뉴스를 종종 볼 수 있다. 이 경우에 운동선수들의 몸은 아주 건강한데 왜 정신이 병들었느냐고 반문할 수 있을 것이다. 정신은 썩었는데 육체만 건강할 수 있을까?

병든 정신을 가진 신체는 튼튼할지는 몰라도 건강하지는 못하다. 내면의 불안과 긴장은 건강하지 못한 생활습관이나 심인성(心因性) 질환을 불러온다. 특히 도덕적·윤리적으로 올바르지 않은 행위는 심리적·정서적인 압박과 두려움 등을 수반하기에, 신체 건강을 위협하는 요인이 될 수 있다. 오히려 건강한 정신이 있다면 신체는 약하더라도 건강한 삶을 영위할 수 있다.

헬런 켈러나 스티븐 호킹 또는 테레사 수녀의 몸은 병들고 약할지라도 정신이 건강하기 때문에 외부의 어려움과 고통을 이겨 낼 수 있었다. 그러니 이들은 어느 누구보다도 건강한 셈이다. 그러나 대부분의 사람은 몸이 병들면 마음도 병들고, 또 마음이 병들면 몸도 병들기 마련이다. 그러므로 몸이든 마음이든 건강을 잃으면 모든 것을 잃을 위험이 도사리고 있다고 보아야 한다.

"생명과 건강은 정말 소중한 거야. 죽음을 악과 불행에, 그리고 생명을 선과 행복에 비유하는 것은 결코 괜히 하는 말이 아니야. 곰곰이 생각해 봐. 파괴와 죽음은 순식간에 일어나지만, 생명이 태어나는 데는 길고 긴 시간이 필요해. 나 자신은 물론이고 부모님과 형제, 이웃, 먼 나라 사람들 그리고 인류는 오랜 시간과 노력을 들여 이어져 내려온 고귀한 생명체야. 더 나아가서 지구상의 온갖 동식물 역시 소중한 생명체지. 이 모든 생명체를 키워 내는 생태계와 자연, 우주 역시 귀중한 존재의 장(場)이야.

그러니 몸과 마음의 건강은 나 자신뿐 아니라 더 큰 세상의 생명이고 행복이야. 건강을 잃으면 삶이 무의미와 무가치에 물들게 되고 결국 절망의 탄식 말고 남는 것이 없어."

청소년 시기에는 성인이 되기 위해 정신적으로 엄청나게 많은 것을 준비하고 체험해야 한다. 그런데 정신은 고독과 아픔을 겪지 않으면 제대로 영글지 못한다. 정신적 성숙은 장기간에 걸친 험난한 항해나 등산처럼 시행착오를 거쳐야 건강한 상태에 이르게 된다. 또한 마음의 건강이 결여된 튼튼한 몸은 의미와 가치를 상실한 몸뚱어리에 지나지 않는다.

OECD
경제협력개발기구(Organization for Economic Co-operation and Development)는 상호 정책 조정 및 정책 협력을 통해 회원국의 경제, 사회 발전을 공동으로 모색하고 나아가 세계 경제 문제에 공동으로 대처하기 위한 정부 간 정책 연구 및 협력 기구다.

우리나라의 노령 인구 10만 명당 자살률은 2000년 34.2명에서 2010년 80.3명으로 10년 동안 2배 이상 늘었다. 같은 기간 OECD* 국가들의 경우 평균 22.5명에서 20.9명으로 줄어든 것과 크게 대조된다. 노인뿐만 아니라 청소년들의 자살률 또한 급증했다고 한다. 10~19세 인구 10만 명당 자살률은 2001년 3.19명에서 2011년 5.58명으로 57.2퍼센트 증가했다. 마찬가지로 감소하는 추세에 있는 OECD 회원국가의 청소년 자살률에 역행하는 수치다. 이러한 현상은 사회적 손실이자 질병이다. 노인들이 건강하게 일할 수 있고 청소년들이 건강하게 뛰놀고 공부할 수 있는 사회야말로 행복한 사회다. 그러려면 청소년과 사회 구성원 모두가 왜 건강해야 하는지, 어떻게 건강해질 수 있는지 대화하고 토론할 필요가 있다.

스트레스, 지나치지도 모자라지도 않게

　　현대인은 스트레스 때문에 불행한 듯하다. 청소년도 예외가 아니다. 대화 없는 가정, 경쟁을 부추기는 학교, 외모에만 관심을 가지고 명품 자랑에 바쁜 친구들, 부정부패가 만연한 정치와 경제, 시민 의식과 공동체 의식이 결여된 성인들의 생활 태도, 스스로를 뒤돌아볼 틈도 없이 돈과 권력과 명예를 행복이라고 굳게 믿고 질주하는 사회 엘리트층의 사고방식 등은 청소년들을 스트레스에서 헤어 나오지 못하게 하는 중요한 요인이다.

　　최근 우리나라 사람들의 사망 원인으로 심혈관 질환과 암이 제일 큰 비중을 차지한다고 하는데, 이는 스트레스를 많이 받으면 발병하는 질환이다. 우리나라 사람들이 얼마나 스트레스를 많이 받으면 인구 중에

3분의 1은 암에 걸린다고 하겠는가?

"유방암으로 종합병원에 입원해 있는 엄마 친구 분을 병문안 간 일이 있어. 엄마와 친구 분은 우리나라 사람 중 세 사람 가운데 한 사람은 암 환자라면서, 요새 유방암은 거의 완치되니까 걱정할 필요가 없다고 이야기하셨어. 암 병동이라서 그런지, 문 열린 입원실 여기저기를 들여다보니 스님처럼 머리를 빡빡 깎은 아줌마나 할머니가 꽤 많았어.

병원을 나오다가 소아암 센터를 지나쳤어. 안을 들여다보니 유치원이나 초등학교 1~2학년 정도의 아이들이 동자승처럼 머리를 깎고 아무것도 모르는 천진난만한 얼굴로 밖을 내다보고 있었어. 아기들도 암에 걸리면 생사를 오가며 장기간의 힘든 치료 과정을 인내해야 한다면서 엄마가 눈물을 글썽이셨어. 나도 아이들을 바라보면서 눈물이 흐르는 것을 참을 수 없었어."

"그래, 참으로 문제야. 인간이 제아무리 만물의 영장이라고 해도, 스스로 문제를 만들고 불행을 자초하는 존재인 것 같아. 장기간 계속되는 시리아 내전을 생각해 봐. 정부군도 그렇고 반군도 그렇고, 국민의 행복을 위해서 전쟁을 한다고 외치면서 온갖 무기를 동원해 서슴지 않고 인명을 살상한 것도 모자라 독가스까지 동원해서 수백 명의 시민을 죽였다는 보도가 나왔어. 그랬더니 화학무기로 무고한 사람들을 죽인 것은 용서할 수 없다며, 미국 대통령과 의회가 시리아 정부를 응징해야 한다고 큰소리치고 있어.

그런데 시리아 내전에서 정부군과 반군이 사용하는 무기들은 대부분 미국, 러시아, 중국, 영국, 프랑스, 독일 등 소위 선진 강대국들에서 제조한 것들이 아니겠어? 세계 평화를 원한다면서 내전 국가에 무기를 팔아먹은 것을 생각하면 너무 화가 나."

여러 심리학자들이 스트레스와 심리적·육체적 건강 간의 관계를 실험했는데, 그중 캐나다의 심리학자 브루스 K. 알렉산더의 '쥐 공원(rat park)' 실험은 특히 흥미로운 결과를 보여주었다. 실험용 쥐를 두 개의 그룹으로 나누어 한쪽은 넓고 안락한 쥐 공원에, 다른 한쪽은 비좁고 불편한 실험용 우리에 넣었다. 쥐 공원에는 치즈와 밝은 색 공, 번식이 가능한 공간까지 마련되어 쥐들이 살기에 좋은 환경을 갖추었다.

양쪽 모두에게 두 종류의 물이 제공되는데, 모르핀이 섞인 물과 아무것도 섞이지 않은 보통 물이었다. 모르핀에는 쥐들이 싫어하는 성분이 있어 단맛을 내는 자당을 섞어 주었는데, 쥐 공원에 사는 쥐들은 아무리 자당을 많이 섞어도 마약이 든 물을 마시지 않은 반면, 우리에 사는 쥐들은 자당의 양을 아무리 줄여도 마약이 섞인 물만을 찾았다고 한다. 환경이 주는 스트레스가 몸과 마음을 파괴하는 마약 성분을 찾도록 내몬 것이다. 사람도 스트레스를 너무 많이 받으면 과긴장 상태가 되어 병에 걸리거나 건강하지 못한 생활습관에 노출되기 쉽다. 그런데 대부분의 청소년들은 과긴장 상태에 처해 있으므로 신체적·정신적으로 불행한 것이다.

그런가 하면 긴장이 너무 약해도 스트레스에 시달리는데, 이런 상태를 탈긴장이라고 한다. 하버드 대학 심리학과에서 학생 열 명을 선발

해 인간에게 가장 쾌적한 환경에서 열흘간 무사히 지내면 상을 주기로 했다. 학생들에게 적당한 온도와 은은한 조명, 조용히 울리는 클래식 음악, 마음껏 쉴 수 있는 넓은 독방과 푹신푹신한 침대가 제공되었다. 부드럽고 맛있는 음식에다 점심과 저녁 식사에는 고급 포도주까지 곁들여졌다. 그러나 소란을 떨거나 동료와 크게 다투거나 동료에게 방해가 되는 심한 운동을 하는 것은 금지되었다. 자극이 거의 없고 긴장감이 결여된 환경을 조성한 것이다. 그런데 사흘이 지나자 다섯 명이 못 견디겠다면서 퇴실했고, 닷새가 지나자 두 명이, 일주일이 지나자 나머지 세 명도 도저히 더 이상 있을 수 없다면서 퇴실했다고 한다.

이렇듯 과긴장과 아울러 탈긴장 상태에서도 스트레스를 받는다. 일반적으로 인간은 과긴장이나 탈긴장 상태에서 벗어나 적절한 각성을 유지하는 긴장 수준으로 되돌아가려 하는데, 이때의 심리적 힘을 일컬어서 스트레스라고 한다. 그러니까 적당한 스트레스는 생활의 활력소가 된다. 어느 정도의 긴장감이 있어야 미래를 향해 힘차게 걸어갈 수 있다는 말이다.

"제아무리 컴퓨터가 발달하고 의술이 발달해도 인간의 심신처럼 정교할 수는 없어요. 스트레스를 가볍게 보다간 큰코다쳐요. 스트레스가 계속해서 심해지면, 다시 말해서 자극 상황이 갈수록 악화되면 일반적 징후가 나타나요. 처음에는 위급 상황이 발생했다는 신호가 오는데, 이것을 경고 반응이라고 해요. 몸의 저항력이 매우 약해지고 두통, 발열, 근육통, 소화불량, 피로감, 허탈감 등 여러 가지 증상이 나타나지요. 두 번째 단계로는 여러 가지 증세들, 곧 경고 반응이 사라지고 몸과 마음이 무의식적으로 강력하게 저항하는 저항기에 접어들어요. 그러나 스트레스가 계속되면 결국 소진 단계에 접어들어요.

소진 단계에 접어들면 밀물이 몰려오는 것처럼 심인성 질환들에 걸리게 돼요. 위궤양, 고혈압, 심장병, 편두통, 요통, 장염, 비대증, 피부염, 천식, 거식증 등은 대부분 지나친 스트레스 때문에 생기는 정신적 신체 질환에 속한다고 볼 수 있어요. 극단적인 경우에는 견딜 수 없는 고독감, 무력감, 절망감에 빠져서 우울증 환자가 되어 끝내는 자살을 택하는 사람들도 있어요.”

체르노빌
우크라이나의 수도 키예프 시의 북쪽에 있는 도시이다. 1986년 4월에 원자력 발전소에서 불이 나면서 대규모의 방사능 유출 사고가 벌어졌다.

후쿠시마
일본 후쿠시마 현 북부에 있는 행정·문화·교통의 중심 도시이다. 2011년 3월 11일 일본 동북부 지방을 강타한 대지진으로 원자로 1~3호기가 폭발했다. 체르노빌 이후 최대 규모의 원전 사고로, 대지뿐 아니라 해양 오염까지 일으켰다.

현대사회에서 스트레스의 원인은 아주 다양한데, 환경 공해도 그 원인이 된다. 우크라이나 체르노빌♦과 일본 후쿠시마♦ 원전 사고는 환경 공해와 오염의 대표적인 예로, 사람들은 직간접적으로 피해를 받았으며 엄청난 스트레스에 시달린다. 공기, 물, 땅을 비롯한 자연 생태계의 오염 역시 심한 스트레스의 원인이 된다. 광우병이나 조류 독감은 극심한 스트레스를 불러일으키고 공황에 가까운 반응을 보이게도 한다. 각종 매체의 발달로 인해 개인의 프라이버시가 침해당하는 것도 한 가지 원인이다. 또한 도시 문화는 사람들 간에 무한 경쟁을 끝없이 부추기고 있다. 택시 기사, 버스 기사, 지하철과 공항의 통제사 들이 받는 직업적 스트레스도 엄청나다. 이런 환경에서는 청소년들도 스트레스로 신음할 수밖에 없다.

"신체가 알아서 각종 스트레스를 극복하는 데엔 한계가 있기 때문에 많은 사람들이 적극적으로 스트 레스의 자극을 극복하는 방법을 찾아야 했어. 이완 법, 명상법, 바이오피드백(biofeedback)* 등이 바로 스트레스에 적극적으로 대처하는 방법들이야. 이완 법은 가장 편한 자세를 취하고 조용히 눈을 감은 채 한 가지 생각에 집중하는 방법이지. 명상법은 가부

바이오피드백
생물(biology)과 되먹임 반응(feedback)의 합성 어로, 미국에서는 자기 제 어법으로 쓰이고 있다. 자 발적인 제어가 불가능한 생리 활동을 공학적으로 측정하여 지각이 가능한 형태의 정보로 생체에 전 달하고 그것을 바탕으로 학습, 훈련을 되풀이하여 심리적 안정 상태를 유도 하는 방법이다.

좌를 틀고 앉아서 한 가지 개념을 계속해서 반복하면서 마음의 안정 을 찾는 방법으로, 요가에서 파생된 거야. 원래 요가란 육체로부터 맑 은 정신을 독립시키는 종교적이고 초월적인 수련법이었어."

"요가뿐 아니라 이완법이나 명상법을 꾸준히 한 결과 신체의 신진대 사가 원활해지고 혈압과 맥박이 안정되는 것을 발견할 수 있었대. 최근 다양한 전자 기기들이 발달함에 따라 혈압, 체온, 맥박, 호흡, 뇌파, 심 장 박동 등을 보통 때나 운동할 때 지속적으로 체크하면서 스스로 생 활습관과 운동 방법을 조절할 수 있게 되었어. 그런가 하면 직장에서 직원들끼리 허심탄회하게 대화하면서 나와 상대방을 충분히 알고 더 나아가서 직장의 문제와 그 해결 방법까지 찾으면 마음의 안정을 회복 할 수 있어. 이런 방법은 인지 대응법 중 한 가지야."

청소년들은 정신적으로 한창 성장하고 있으므로 끊임없이 스트레스

를 극복하지 않으면 안 된다. 행복은 하루아침에 얻어지는 것이 아니다. 한술 밥에 배부르지 않듯이, 인내와 자각을 통해 적극적으로 스트레스를 극복할 때 건강과 행복을 얻게 될 것이다.

느림과 여유의 미학

　　온갖 질병과 고통의 근원은 마음이라고
도 하고, 행복과 불행은 마음먹기에 달렸다고도 한다. 프로이트나 라
캉과 같은 정신분석학자들은 인간의 기본적인 충동을 정신 과정 또는
영혼 과정이라고 말한다. 인간의 정신과 육체는 하나이지만, 정신적인
측면에 비중을 두고 전개되어 온 인류 문화의 역사는 인간의 정신에
핵심적인 의미와 가치를 부여한다. 그래서 마음이 모든 것을 결정한다
고도 하고, 마음을 비우면 병도 낫는다고 한다. 그렇게 보면 마음의 평
화가 곧 행복이다.

　한편, 사람들은 식물이나 동물을 의인화해서 말할 때가 있다. "꽃잎이
강풍에 다 떨어져 버렸으니 얼마나 아플까?"라든가, "이 꿀벌 좀 봐. 어

동물행동학
동물의 본능이나 습성, 행동의 특성이나 의미, 진화 등을 비교·분석하여 연구하는 생물학의 한 갈래이다.

환경윤리학
인간의 존재와 인간이 속한 자연환경 사이에 도덕적 규범을 설정하고, 그 가능성과 타당성을 탐구하는 학문을 가리킨다.

디서 다쳤는지 한쪽 날개가 찢어져서 날지 못하고 기어 다녀. 꽤 아프겠어"라는 식이다. 식물은 신경세포가 없으므로 통증을 못 느끼고, 신경세포가 발달하지 않은 하등동물도 통증을 느끼지 못하는데 말이다.

개별 자연과학이 발달하고 앎의 영역이 넓어질수록 인간의 지식도 변화한다. 과거에는 데카르트처럼 인간만 지적 능력인 정신을 지니고 소나 개, 돼지, 고양이 등은 인지 능력이 없는 것으로 여겼다. 그러나 고등동물도 인지 능력을 갖고 있음이 밝혀졌다. 따라서 동물행동학*이나 환경윤리학* 등에서는 동물들의 존재 의미와 가치 등도 논하게 되었다. 그러므로 모든 생명체, 특히 인지 능력이 있는 동물들을 아끼고 더불어 평화롭게 살면 행복해지지 않을까?

"마음이 모든 것을 만든다는 옛말이 있어. 또 마음을 비워야 병에 잘 걸리지 않을 뿐만 아니라 이미 걸린 병에서도 빨리 해방될 수 있다고도 하지. 내가 생각하기에는 마음의 평화가 행복이야. 우습게 들릴지 모르지만 모든 생명체를, 특히 인지 능력이 있는 동물들을 아끼면서 함께 평화롭게 살려고 애쓸 때 우리들의 마음이 행복해질 것 같아."

"개나 고양이도 느낌과 생각이 있어. 물론 인간처럼 복잡하고 다양하며 깊은 정서와 폭넓은 인지 능력은 없더라도 개나 고양이의 행동을 보면 분명히 느끼고 생각하는 것 같아. 소와 돼지도 마찬가지야. 닭과 오리 또는 거위와 같은 조류도 포유동물처럼 고도로 발달한 인지 능력은 아닐지라도 상당한 수준의 지능이 있어. 물론 영장류에 속하는 고릴라, 침팬지, 오랑우탄 등은 놀랄 만큼의 지능을 갖추고 있고. 인간은 너무 오랫동안 자신을 만물의 영장이라고 자부하면서 자연을 지배하고 군림해 왔어. 그 결과 이기주의의 늪에 빠져서 욕망 충족에 허덕이게 되었고, 마음의 안정과 평화를 까마득히 망각해 버린 거야."

길고 긴 역사와 문화를 통해 인간은 자신을 깊이 있게 탐구하다가도 언제 그랬냐는 듯 금세 망각의 늪에 빠지곤 했다. 지금 청소년들의 눈앞에는 물질적 욕망 충족이 순간적인 쾌감을 선사하며, 그런 쾌감이야말로 행복이라는 달콤한 유혹이 어지럽게 펼쳐진다.

"우리집은 전부 다섯 식구예요. 엄마가 일하고 저희 세 자매는 학생이며 아빠는 오래전에 사업이 부도나서 신용 불량자가 된 후 집에 계셔요. 집이요? 엄마가 아빠 친척의 회사에서 꽤 오랜 기간 일하고 있어서 그런지 월급이 적지는 않은가 봐요. 엄마 말로는 전셋돈이 우리집 총재산이래요.

대학 2학년생 큰언니는 아르바이트로 정신이 없어요. 용돈과 등록금을 마련해야 한다면서 세 군데나 뛰고 있어요. 고등학생인 작은언니와 나는 학원에 다닐 엄두도 못 내요. 구청 도서관에 가서 대입 준비는 하는데, 작은언니와 함께 매일 한숨을 쉬면서 졸업 후 전문대를 갈 것인지, 아니면 취업을 할 것인지 이야기해요. 수시로 인터넷을 검색하지만 아직 마땅한 답을 찾지 못하고 있어요. 작은언니와 나는 브랜드 신

발도 신고 꾸며 보는 것이 꿈인데, 문제는 돈이 없다는 거예요.

　엄마는 뼈가 부러지더라도 모두 4년제 대학은 보낼 테니 기죽지 말고 공부하라지만, 아무리 보아도 사정이 안 돼요. 큰언니는 스마트폰을 쓰지만 작은언니와 나는 여전히 2G 폰이에요. 친구들 눈치도 보이지만 아예 체념하니까 괜찮아졌어요. 행복하냐고요? 돈이 없고, 스마트폰이 없고, 좋은 신발과 옷이 없고, 용돈도 항상 쪼들리고, 엄마만 빼고 모든 식구들이 주눅 들어 있어서 정말 힘들고 불안해요. 그래도 가족이 싸우지 않고 큰소리 내지 않아서 작은 행복의 틈바구니는 있는 것 같아요."

우리나라의 청소년들이 세계 어느 나라의 청소년보다도 불행한 이유는 한두 가지가 아니다. 우선 사회의 가치관이 불확실하다. 창의적이고 자발적이며 비판적 사고력을 가진 인격 주체들이 관계를 맺고 조화롭게 살아가는 것이 사회가 궁극적으로 추구하는 가치임이 자명하다면, 청소년들은 혼란과 방황을 겪지 않을 것이다. 그러나 누가 보아도 돈과 권력과 명예가 최고의 가치로 떳떳하게 군림하고 있으니, 순수한 청소년은 이런 현실 속에서 마음의 상처를 입는다. 또한 사회 불안으로 인해 청소년들은 불안해한다. 아버지는 40대 후반인데 곧 회사를 그만두어야 하고 물려받을 재산도 없으며 어머니는 임시직으로 마트에서 일하고 있어 항상 앞날을 걱정하고 있다면, 청소년들 역시 집안 분위기를 느끼고 불행하다고 여길 수밖에 없다.

게다가 정치적·경제적으로도 청소년들은 불안감에 사로잡힌다. 개성 공단이 폐쇄되었다가 다시 열리거나, 이산가족 상봉과 금강산 관광 재개를 두고 남북이 합의에 도달하지 못한 채 긴 시간을 소비하는 등 남북 간 긴장관계가 뉴스에 보도된다. 전쟁 가능성이 도사리고 있는 가운데 연평도와 천안함 사건만 보아도 전쟁의 위험이 느껴진다. 일본의 경제 상황이 호전되고, 중국은 벌써 미국 다음가는 경제 대국이 되었다는데 우리나라의 국가 경쟁력은 형편없이 떨어지고 있다. 이렇게 불안한 상황도 청소년들을 혼란스럽게 만든다.

"정말 우리 청소년들은 불행해요. 제가 보기에 행복은 밝고 열린 미래와 직결되어 있어요. 우리나라는 분명히 정치·경제·문화적으로 선진국이 아니에요. 정확히 말해서 개발도상국을 벗어나서 선진국에 진입하려고 애쓰는 상태이지요.

남북 분단은 여전하고, 빠른 핵가족화를 겪으며 새로운 가족 형태에 미처 적응하지도 못한 채 생존 경쟁에 내몰리고, 고령화 속도도 다른 어떤 나라보다 빨라 미처 대비하지 못한 데다, 인격 주체가 계량화의 대상이 되어 물질적 욕망 충족과 예쁜 외모가 행복 자체라는 사고방식이 만연한 사회에서 청소년들이 진솔한 마음으로 행복의 문을 두드린 다는 것은 아마도 불가능한 일일 거예요. 행복은 단순한 기계적 쾌감이 아니니까요. 인격 주체로서의 인간이 창의적이고 자발적이며 개성적인 삶에서 느끼는 조화로운 쾌감이 필요해요."

과거 아날로그 시대에는 특별히 신경 써서 마음을 다스릴 필요가 없었다. 사람들은 누구나 서두를 필요가 없었고, 욕망 충족을 위해 질주할 필요도 없었다. 적어도 아날로그 시대에는 여유와 느림의 미학이 있었다. 눈코 뜰 새 없이 바쁜 현대사회는 황금만능주의, 물질과 디지털 기기 만능주의가 전통 가치관을 모두 전복하고 물질적 욕망 충족을 최상의 가치, 곧 행복으로 제시한다. 청소년들은 가치관의 혼란 속에서 불행의 심연을 맛보고 있다. 이럴 때일수록 잠깐이라도 눈 감고 명상할 수 있는 여유와 느림이 절실히 필요하다.

자기반성,
마음을 치료하는
나만의 처방전

우리는 이분법적 사고방식에 익숙해져 있기 때문에 질병을 건강의 반대 개념으로 생각한다. 진리와 허위, 선과 악, 아름다움과 추함 등의 대립처럼 건강과 질병 역시 대립되는 개념이다. 그러나 현실에서 이들 개념은 떼려야 뗄 수 없을 만큼 긴밀한 관계를 맺고 있다는 점을 간과해서는 안 된다. 물론 행복과 불행도 마찬가지다. 어둠이 있어야 빛이 있듯이, 질병이나 불행을 극복하면 질병은 건강으로, 불행은 행복으로 바뀐다.

청소년기에는 마음의 병을 많이 앓는다. 청소년기를 일컬어서 질풍노도의 시기라고 하는 것도 그 때문이다. 육체적 성장은 눈에 띄게 빨라서 외모만 보면 성인과 같지만, 마음의 성장은 도저히 육체의 발달 속도를 따라가지 못한다. 그런데 겉모습만 보고 어른들은 청소년들에게 창의성, 독자성, 비판적 사고 등을 혼자 힘으로 성취할 것을 요구한다.

"내가 어렸을 때 어떤 분이 '하루에 단 5분만이라도 조용히 눈 감고 자신을 돌이켜 보는 버릇을 길러라'라는 말을 들려준 것이 지금도 생각나. 그때는 눈을 감고 5분씩이나 뭘 생각하라는 건지 모르겠다며 투덜댔고, 별 쓸데없는 소리를 다 한다고 생각했어. 그런데 지금 생각해 보니 '하루에 단 5분이라도 눈 감고 나 자신과 내 이웃, 더 나아가서는 사회를 떠올리면서 그 모든 것들의 겉과 속을 찬찬히 훑어볼 수 있는 삶의 태도'야말로 나 자신에게 더할 수 없이 가치 있는 일인 것 같아."

"나도 심한 독감에 걸려서 며칠씩 드러누워 끙끙 앓을 때나 운동하다가 팔이 골절되어 병원에 일주일씩 입원하면서 치료받을 때, 처음에는 고통을 이기지 못해 눈물도 흘리고 우울해했어. 그런데 어느 순간 내가 지금까지 읽은 책, 선생님, 친구 들과 부모님이 내 마음을 꽉 메우면서 '너는 질병에서 곧 나아서 건강을 되찾을 거야. 혹시 불구가 되거나 장애를 가지게 되더라도 네 의지 여하에 따라서 건강한 삶을 꾸려 나갈 수 있어!'라고 나에게 속삭이는 소리가 들리는 거야."

"응, 정말 모든 것이 마음먹기에 달린 것 같아. 손가락에 작디작은 가시 하나가 박혀도 참지 못해서 눈물 흘리며 고통을 호소하는 사람이 있는가 하면, 종합병원의 암 병동에서 길고 힘든 투병 생활을 하면서도 웃음을 잃지 않고 이웃과 주변을 위해서 무슨 일을 해야 할지 생각하는 사람들도 있어. 그러니 질병이라고 모두 나쁘고 부정적인 것으로만 생각할 필요는 없다고 봐."

사실 완전하고 절대적으로 건강한 상태는 없다. 마찬가지로 건강과 전혀 상관없이 절대적인 질병도 없다. 과거에는 병에 걸리면 치료하기가 어려웠기 때문에 속수무책으로 죽음만 기다려야 했다. 폐결핵을 비롯해서 당뇨병이나 페스트, 말라리아, 에이즈와 각종 암은 불치병으로 여겨져서, 이런 병에 걸린 환자들은 영영 건강을 되찾을 수 없었다. 그러나 의학과 생명과학이 놀랄 정도로 발달하고 환경과 질 좋은 삶에 신경을 쓰면서, 과거에는 불치병이었던 많은 질병을 극복하고 건강해질 수 있게 되었다.

우리나라 청소년들의 행복지수가 OECD 회원국 34개국 중 꼴찌인 데에는 그럴 만한 이유가 있다. 우리는 오랫동안 농경문화에 익숙해 있었고, 100년 전만 해도 왕정 사회였다. 그런데 느닷없는 일제의 침략에 강제로 식민지가 되었고 제2차 세계대전, 해방, 남북 분단, 한국전쟁, 4·19혁명* 등을 겪으면서 전통문화와 외래문화 사이에서 갈등하고 신음하며 고뇌해야 했다. 극단적인 자본주의가 만연한 데다가, 핵가족화가 진행되는데도 혈연 중심의 대가족 사고방식이 아직도 자리 잡고 있어서 가족 중심의 이기주의가 당연한 듯이 판친다. 게다가 정치적으로 힘 있는 사람과 경제적으로 부유한 사람 들이 결합하여 이권(利權)을 추구하는 정경유착(政經

> **4·19혁명**
> 1960년 4월 19일에 절정을 이룬 학생 중심의 민주주의 혁명이다. 당시 여당인 자유당은 지지도가 하락하던 이승만 전 대통령의 연임과 부통령 후보자 이기붕의 당선을 위해 불법 선거를 자행했다. 이에 맞서는 학생과 시민 들의 노력으로 이승만 전 대통령은 사임하고, 민주적 가치와 실행에 대한 인식이 확대되었다.

癒着)의 뿌리가 너무 질겨서 근절되지 않고 있다. 재벌들은 나이 어린 손자, 손녀에게 억대의 주식을 물려준다. 또 해외에 정체불명의 회사를 세워서 재산을 은닉하고 탈세하는 사람도 있으며, 스위스 은행에 아무도 모르게 엄청난 돈을 예금한 사람들도 많다고 한다.

상황이 이렇다 보니, 청소년들은 기댈 곳이 없다. 가정에서는 권위적인 아버지의 강요와 억압, 힘없는 어머니의 애처로운 한숨이 청소년들을 질식시킨다. 정겹고 든든한 부모의 모습은 찾아보기 힘들다. 학교에서는 부유층 아이들과 힘센 아이들이 가난하고 힘없는 아이들을 괴롭히고, 괴롭힘을 당한 아이들은 자퇴하거나 가출까지 한다. 2014년 1월, 공식 집계된 숫자만 20만 명에 달하는 가출 청소년들은 가정과 사회에 대한 분노와 원망으로 가득 차 있다. 집을 나와 갈 곳이 없는 청소년들은 고시원 같은 곳에 모여 살면서 아르바이트를 하거나 유흥비를 벌기 위해 성매매, 인터넷 사기, 절도, 강도, 강간까지 범하게 된다.

눈에 보이는 몸의 질병만이 아니라 마음이 아픈 것도 질병이고, 인간이 사회에 건강하게 적응하지 못하는 상태 역시 질병이다. 가정과 학교가 청소년들을 온전히 감싸안지 못하는 현실이야말로 심각한 중증 질병이다. 청소년들이 심하게 반항하거나 가출하고, 극단적인 경우 범죄를 저지르거나 자살까지 시도하는 것을 보면, 청소년뿐만 아니라 우리 사회 전체가 깊이 병들어 있음을 알 수 있다.

신체의 가벼운 상처나 독감, 설사 등의 질병은 적절한 치료만 받으면 나을 수 있다. 그러나 인간의 삶 혹은 사회가 질병에 걸렸을 때는 치료 방법을 찾기가 매우 어렵다. 건강이나 행복은 손바닥 뒤집듯 쉽게 얻을 수 있는 것이 아니다. 길고 긴 인내와 지혜가 있어야 몸과 마음의 건강과 행복을 찾을 수 있다.

감기나 몸살에 걸리면 빨리 나아서 건강을 되찾으려고 애쓴다. 아무리 가벼운 병이라도 건강이 얼마나 소중한지 새삼스레 깨닫게 되기 때문이다. 그러므로 질병은 건강으로 가기 위한 전환점이다. 마음의 질병 또한 마찬가지다. 몸이 아플 때 병원을 찾아 진단을 받고, 몸에 좋은 음식을 먹고, 질병의 원인을 찾아 고치듯 부모님을 비롯한 주변 친구나 선생님 들과 대화를 나누고, 무엇보다 스스로의 마음을 깊이 들여다보아야 한다.

인간이 다른 생물과 질적으로 다른 점은 '자기반성'이다. 자기반성은 비판적 의식을 키우는 동시에 자발성과 창의성을 키워 준다. 그렇기 때문에 인간은 삶과 문화의 피조물인 동시에 창조자로 살아가는 것이다.

오늘날 청소년은 마음과 몸이 아프다. 지금 아픈 것은 미래에 마음과 몸이 건강할 수 있다는 신호다. 그러나 그냥 내버려 둔다고 저절로 건강해지는 것은 아니다. 또 청소년 혼자 온갖 힘을 기울여 애쓴다고 낫는 것도 아니다. 이들의 질병과 불행은 그 자신만의 책임이 아니기 때문이다. 가정과 사회 모두 책임을 통감하고, 청소년들과 대화로 풀어 나갈 때 건강과 행복의 의미와 가치를 누릴 수 있다.

죽음은
삶의 끝인가

　　　　　　　도대체 죽음은 무엇인가? 살아 있는 나는
죽음과 전혀 상관없는 것 같지만, 조금만 생각해 보면 죽음을 직간접
적으로 자주 체험한다. 책을 통해서, 영화를 보고, 텔레비전과 신문을
통해서, 헤아릴 수 없이 많은 죽음을 본다. 친구나 친척 또는 조부모나
배우자, 부모나 자식 등을 저세상으로 떠나보낼 때에는 죽음을 가까운
곳에서 체험하게 된다.

　우리들은 다음과 같은 말들을 들을 때 불안감을 가지며 섬뜩한 느
낌을 가지게 된다.

"열 살 난 조카가 백혈병에 걸려서 투병하고 있는데 벌써 입원한 지

6개월이나 되었어. 가망이 없는 것 같아. 애처로워서 못 보겠어.”

“외삼촌이 지난달에 오토바이 사고로 큰 상처를 입고 보름간 입원했다가 돌아가셨어. 입원 기간 내내 혼수상태였어.”

“우리 이모는 혈액암으로 5년이나 투병하다가 세상을 떠났어. 완치되었다고 기뻐한 것이 엊그제 같은데, 재발해서 다시 항암 치료를 받으면서 버티다가 결국에는 돌아가시고 말았지.”

“나는 얼마 전에 대재앙의 현장을 찍어 그 사진을 실은 잡지를 보았어. 천재지변과 전쟁은 모두 무수한 생명을 죽음으로 몰아넣는 일이지. 이라크, 아프가니스탄, 시리아 등지에서 일어난 전쟁으로 처참하게 죽은 군인과 민간인의 모습은 차마 눈뜨고 보기 힘들더라고. 중국 쓰촨성의 지진, 우크라이나 체르노빌과 일본 후쿠시마 원전 사고 등도 모두 대재앙이야. 이런 일들이 불러오는 죽음의 거대한 심연 앞에서 인간의 생명은 파리 목숨만도 못한 것 같아.”

이렇듯 사람은 죽어 가는 사람 앞이나 이미 죽은 사람을 대할 때, 또는 죽음과 직간접적으로 연관된 질병, 사고, 전쟁, 자연재해 등을 체험할 때 공포감과 아울러 불안감을 느낀다. 이러한 재앙은 끔찍한 고통을 동반하기 때문이다. 게다가 고통 없는 죽음이라 할지라도 인간은 남녀노소를 불문하고 그 앞에서는 막연한 불안과 공포를 느끼고, 안절부절못하며 심한 절망감에 빠지기도 한다.

키르케고르는 하나님을 믿지 않는 불신이 바로 절망이며, 절망이야말로 불행의 끝자락이므로, 절망을 일컬어서 죽음에 이르는 병이라고 했다. 키르케고르가 말하는 죽음은 일상적인 생물학적 죽음이 아니고 종교적 의미의 죽음이다. 무의미와 무가치 또는 허무는 키르케고르가 말하는 영혼의 죽음에 해당한다. 생물학적·일상적 죽음은 생명의 소멸 현상이어서 죽으면 그것으로 끝이다. 그러나 종교적으로 의미 있고 가치 있는 죽음은 고귀한 생명 혹은 생명 이상으로 고귀한 어떤 것의 죽음이기도 하다. 예컨대 예수의 죽음은 단순한 생물학적 죽음이 아니다.

예수는 하나님의 아들인 인간으로서 십자가에 못 박혀서 고통당할 때 "하나님, 왜 나를 이렇게 버리시나이까?"라고 절규했다. 그러나 곧이어 다가오는 죽음을 예감하면서 "뜻대로 하소서"라고 조용히 받아들였다. 인간 예수는 생물학적으로 죽음을 맞이했지만, 이를 통해 자신을 어떤 생명보다도 고귀한 삶, 삼위일체*의 성자(聖子)만이 누릴 수 있는 영원한 생명으로 전환시킨 것이다.

"내가 보기에 우리 인간은 모든 생물체의 죽음을 일상성의 차원에서 받아들이고 있어. 하다못해 하루살이도 잠시 살다가 생명을 다하고 새나 뱀이나 개나 소 그리고 인간도 생로병사의 과정을 거치기는 마찬가지야. 그러나 확실히 인간은 다른 생물들과 달리 문화적인 존재야. 그래서 죽음을 도덕적·예술적·철학적·종교적 차원에서 체험하고 이해하며 해석하고 표현할 수 있는 거야."

예수의 제자들은 십자가에 못 박히기 전에 자신의 수난과 죽음을 예언했으나, 이를 피하지 않고 스스로 맞이했다. 만일 예수가 먼 곳으로 도망가서 결혼하여 살다가 죽었다면 그의 죽음은 지금과 같은 의미와 가치를 지니지는 않았을 것이다.

소크라테스는 플라톤과 아리스토텔레스의 스승이었는데, 하늘의 신을 땅으로 끌어내리고 청년들을 타락시켰다는 죄목으로 고발당해 재판에서 사형선고를 받았다. 그의 제자들은 간수를 매수하여 소크라테스가 안전한 곳으로 피할 수 있게 했지만, 그는 정정당당하게 재판 결과에 따라 독배를 마시고 죽겠노라고 했다. 만일 소크라테스가 도망쳤다면 그의 사상은 어떻게 되었을까? 그의 제자 플라톤과, 플라톤의 제자 아리스토텔레스는 그 이후로도 오늘날 전해지는 것과 같은 사상적 성취를 이룰 수 있었을까? 소크라테스 역시 생물학적 죽음을 넘어, 고귀한 생명으로 전환되어 인류의 등불이 되었다.

"옛날 우리나라 사람들은 다섯 가지 복을 다 누린 사람을 가장 행복한 사람으로 여겼대. 오래 살고, 돈이 많고, 건강과 안녕을 갖추고, 덕을 좋아하고, 살 만큼 살다가 죽는 것이 바로 다섯 가지 복인데, 특히 살 만큼 살다가 죽는 것이 옛날엔 쉽지 않았나 봐. 조선 시대만 해도 영유아 사망률이 높아서 평균 수명이 26세였다는 이야기를 들은 일이 있어."

"생물학적 수명이 짧다고 해서 한 사람의 인생도 꼭 그만큼만인 건 아니었을 거야. 대부분의 일상적 죽음은 특정 절차를 거쳐서 마무리되지만, 떠나간 이는 자식과 친지 그리고 이웃 사람 들의 기억에 생명력을 가지고 살아남잖아. 하긴 자연 자체가 커다란 수레바퀴마냥 돌아가고 있어서 하찮은 죽음도 죽음으로 끝나지 않고 오래도록 삶과 불가분의 관계를 맺는 것 같아."

사고하고 판단할 수 있는 인간에게 있어서 자기반성과 자각을 동반하는 죽음은 언제, 어디에서나 고귀한 생명력을 잃지 않는다. 로마의 황제 마르쿠스 아우렐리우스*는 "인생이 5막까지 이어질 줄 아는가?

인생은 3막으로 끝날 수도 있다"라고 말했는데, 이는 죽음을 자기 마음대로 정할 수 없다는 뜻이다.

마르쿠스 아우렐리우스
(121~180)
로마 제국의 제16대 황제이자 후기 스토아파의 철학자로, 저서 『명상록』을 남겼다. 당시 경제적·군사적으로 어려운 시기였기 때문에 그가 죽은 후 로마 제국은 쇠퇴하였다.

일상적인 죽음은 생명의 소멸이자 종말이므로 사람들은 살아서 다시 볼 수 없는 사람의 끝을 애도한다. 그러나 다양한 각도에서 죽음을 바라볼 수도 있다. 일상적인 죽음은 후대의 출생을 위한 필수적인 과정이기도 하다. 또한 고귀한 죽음은 모두 힘찬 창조적 생명력을 가지고 있는 것이다. 우리는 죽음 앞에서 한없이 불행하지만, 현실에서 죽음을 맞이할지라도 이후 죽음을 극복할 수도 있기 때문에 무한히 행복할 수 있는 것이 아닐까?

건강한 개인과
행복한 공동체

       요즘 신문과 방송에서는 질 좋은 삶에 관한 이야기들을 많이 보여 준다. 1970년대만 해도 우리나라는 의식주 문제를 해결하는 데만도 허덕였다. 당시 남한의 경제는 북한보다 못했다고 한다. 그러나 40년이 지난 지금 대한민국은 세계적으로 놀라운 경제 발전을 이루었고, 동남아 국가들은 우리를 모델로 삼겠다며 그 발전 과정을 열심히 공부한다.

  나라가 가난하면 우선 배부터 채워야 한다. 아프리카 빈국에 사는 어린이들의 사진을 보면 나도 모르게 가슴이 짠하다. 눈망울은 맑고 순진하지만, 뼈만 앙상해서 온몸에 파리 떼가 들끓는 모습을 보면 우리의 옛 참상이 떠오른다. 그런데 놀랍게도 방글라데시˚나 부탄˚처럼

가난한 나라의 행복 지수가 세계에서 1위를 차지한
다는 언론의 보도를 종종 접하게 된다.

"어느 나라 사람이 가장 행복한지 따질 때에는 개
인의 쾌감뿐만 아니라 공동체 사회의 복지, 안녕 등
도 함께 고려해야 해. 예컨대 방글라데시 사람들이
세계에서 가장 행복하다고 했을 때에는 다분히 주관
적인 행복을 가리켰을지도 몰라. 현대사회에서는 질
좋은 삶이 건강한 삶이고 그러한 삶이 행복을 누리
게 해 주는 거잖아. '행복하다'고 답한 이들이 그날그
날의 의식주를 해결했기에 그렇게 답했는지, 사회 전
체의 안녕에 만족하고 있는 건지는 사실 알 수 없는
일이지."

방글라데시
인도 동부에 면한 인민 공
화국으로, 수도는 '다카'이
다. 국민의 83퍼센트가 이
슬람교도이며, 1971년에 파
키스탄에서 분리·독립하기
전까지는 동파키스탄이라
불렸다. 세계에서 손꼽히는
다우(多雨) 지역으로 황마,
쌀, 사탕수수, 담배 등이 풍
부하게 생산된다.

부탄
인도와 티베트 사이, 히말
라야 산기슭에 있는 나라
로, 수도는 '팀푸'이다. 주
민 대부분이 티베트계이
며, 라마교와 불교를 신봉
하고 티베트 어를 주로 쓰
는 등 티베트 문화권에 속
한다. 쌀, 밀, 옥수수 등을
생산하는 농업과 소, 돼지
등을 기르는 축산업 중심
의 경제를 형성하고 있다.

그렇다면 어떤 삶이 건강한 삶일까? 성숙한 시민
의식과 공동체 의식 덕에 창의성, 자발성, 비판적 의식을 마음껏 실현
할 수 있는 삶이다. 건강한 삶이라고 하면 대부분의 사람들은 육체적
건강만을 떠올린다. 경제적 형편이 좋아진 후로는, 많은 사람이 건강식
품을 챙겨 먹고 등산, 헬스, 요가, 골프 등에 시간을 할애하면서 몸을
건강하게 만들려고 애쓰고 있다. 양(수명)뿐만 아니라 질(건강) 좋은 삶
을 누리겠다며, 너도 나도 건강에 좋은 것이라면 가리지 않고 시도한다.
어떤 돈 많은 중년 남자가 한의원에서 몇 천만 원짜리 산삼을 먹고,

건강원에서 몇 천만 원 하는 백사(白蛇)탕을 먹고 나오는 장면을 TV에서 본 적이 있다. 자기 돈 가지고 자신의 건강을 위해 비싼 약을 먹는 것은 죄가 되지 않겠지만, 건강에 지나치게 집착하는 사람의 마음은 상당히 병들어 있을지 모른다. 그리고 제아무리 몸이 튼튼해도 마음이 병들어 있다면 몸 역시 오래지 않아 병들 것이다.

권력이나 돈, 명예가 주는 쾌감을 최고로 치는 사람도 많은데, 권력이 주는 쾌감은 이기적이며 주관적이다. 돈과 명예가 주는 쾌감 역시 개인적인 것이다. 이런 종류의 쾌감도 기쁨을 주기 때문에 행복이라고 할 수 있겠지만, 부정적인 측면이 강하다.

"케이블 TV에서 20대 여성이 매일같이 몇 백만 원 넘게 옷을 사고 고급 레스토랑에서 식사하는 것을 본 적이 있어. 돈 많은 부모가 고급 술집을 차려 주었고, 술집에서 번 돈을 마음껏 쓰는 그녀는 당당하고 행복해 보이더라고. 물론 입고 싶은 것을 다 입고, 먹고 싶은 것을 다 먹으며, 친구들을 위해서도 아끼지 않고 돈을 쓸 수 있는 것도 아무나 할 수 있는 일이 아니지. 그런데 아무 고민 없이 실컷 돈을 쓰는 그 여성을 보려니 나도 모르게 짜증도 났지만 다른 한편으로는 연민의 정을 금할 수 없었어. 결국 부모도 문제고 딸도 문제야. 적당히 입고 먹으면서 자신의 능력을 키우는 데 돈을 쓰거나 가난하고 병든 사람들을 위해서 돈을 쓸 줄 안다면 그런 사람의 삶은 정말 건강하겠지."

"종합병원의 병동에 가 보면 아픈 사람들이 너무 많아. 환자들의 눈을 들여다보면 어떻게 해서든지 건강한 삶을 되찾겠다는 생명의 의지가 빛나고 있어. 간병하는 가족들도 하루라도 빨리 환자가 건강한 삶을 되찾도록 온몸을 바쳐서 환자를 돌보고. 질병의 늪에서도 건강한 마음을 잃지 않으려 애쓰는 사람들을 보면 행복이란 무엇인지 다시 생각하게 돼. 오직 자기 한 몸의 건강을 위해서, 자기 가족과 자식만을 위해서 권력과 돈과 명예를 악착같이 부여잡고 그 힘을 과시하면서 행복하다고 외치는 사람들이야말로 실은 중병 환자일지도 몰라. 그런 사람들의 삶은 건강과는 거리가 멀고, 또 행복과도 거리가 멀어."

자신이 원하는 일 그리고 자기에게 맡겨진 일을 하기 위해서는 육체의 건강이 필요하다. 그러나 제아무리 육체가 무쇠처럼 튼튼하고 건강하더라도 정신이 병들어 있으면 육체의 건강도 오래가지 못하고 병들어 버리고 만다. 몸과 마음은 하나인 까닭이다. 몸과 마음이 모두 건강한 삶이 참답게 건강한 삶이다.

마찬가지로 개인이 건강해야 사회도 건강하다. 무엇보다도 청소년의 삶이 건강해야 사회의 미래도 건강해진다. 그러려면 청소년들이 건강한 삶이란 무엇인지 자각해야 한다. 골고루 영양을 섭취하고, 규칙적인 생활습관을 가지며, 운동하고 충분한 수면을 취해야 한다. 정신적으로는 가족, 선생님 그리고 친구 들과 대화를 나누고 창의성, 독자성, 비판적 의식을 발전시켜 나갈 필요가 있다.

플라톤이나 아리스토텔레스와 같은 철학자들은 선하고 덕스럽게 사는 것을 행복한 삶으로 여겼다. 아리스토텔레스는 실천적 덕과 아울러 이론적 덕이 인간을 행복하게 해 줄 수 있는 핵심이라고 했다. 실천적 덕은 이성의 앎과 계획에 따라 정의로운 삶을 이끌어 가는 행동 능력이다. 그런가 하면 이론적 덕은 실천적 덕의 기초로서 사물의 이치를 알고 정의로운 행동을 계획하는 지적 능력이다. 아리스토텔레스는 일상인들이 행복이라고 주장하는 쾌락, 명예, 재물 등이 아니라 실천적 선이 바로 행복이라고 생각했던 것이다. 쾌락, 명예, 재물 등은 순간적이어서 삶의 궁극적인 목적일 수 없고 실천적 선이 될 수 없으므로 건강하고 행복한 삶을 지속적으로 이끌어 가게 하지 못한다. 따라서 이성적 사유를 계속해서 발휘함으로써 삶 전반에 걸쳐 폭넓은 행복을 누려야 한다고 주장했다. 즉, 아리스토텔레스에게 행복(에우다이모니아)이란 개인의 주관적 쾌감이 아니라 사회의 복지와 안녕이다.

생각해 볼 문제

❶ 신체가 건강하지 않아도 사회에 위대한 공헌을 한 인물들이 많다. 그
런데도 왜 건강을 잃으면 모든 것을 잃는다고 하는 것일까?

❷ 현대인의 스트레스에는 어떤 것이 있는지, 스트레스 해소 방법으로
는 어떤 것이 있는지 알아보자.

❸ 마음과 몸의 관계는 어떠한가? 몸과 마음이 하나인지, 아니면 다른
것인지 이야기하고 그 근거를 제시해 보자.

❹ 질병과 건강, 생명과 죽음의 관계를 이야기해 보자. 건강은 질병에
대해, 생명은 죽음에 대해 어떤 의미를 가지는가?

❺ '죽음보다 못한 삶'을 산다고 할 때 죽음의 의미는 무엇일까? 죽음이
긍정적이고 창조적인 생명력을 가지는 예를 들어 보자.

❻ 왜 건강한 삶이 행복한지 구체적인 예를 제시해 보자.

The Art of **5장** Happiness

모두가 행복한
사회는 가능한가

공리주의자들이 주장하는 공동체 사회의 행복, 곧 최대 다수의 최대 행복이란 도대체 어떤 것인가? 과연 최대 다수를 만족시키는 행복이란 가능한가? 그렇다면 최대 다수에서 제외된 소수의 불행은 그대로 놓아둘 것인가? 이렇듯 다원적인 문제 제기와 아울러 해결책을 제시하기 위해 인내와 자각을 동반하는 대화, 토론, 의사소통의 절차를 밟을 필요가 있다. 그렇지 않으면 다양하고도 다원적인 행복으로 향한 길은 영영 찾을 수 없을 것이다.

더 많은 사람을 위한
다원적 행복의 길

　　　　일상적 의미의 행복이란 기쁘고 마음이
흡족한 상태다. 맛있는 사과를 먹거나 아름답고 건강한 이성을 보면
마음이 즐겁다. 오랫동안 만나지 못했던 친구를 만나거나, 칭찬에 인색
한 선생님이나 부모님에게서 칭찬받으면 기쁘다. 어떤 사람은 작은 말
에도 감동하여 커다란 행복을 느낀다. 이렇게 행복을 느끼는 것이 사
람마다, 상황에 따라 다른 만큼, 그 표현 역시 각양각색이다.

　　"이렇게 맛있는 팥빙수는 생전 처음 먹어 봐. 정말 행복해. 이거 봐!
아주 단순해. 얼음과 팥과 우유와 꿀, 작은 찹쌀떡이 몇 개 들어 있을
뿐인데 이렇게 맛이 담백하고 시원할 수 없어. 자주 먹을 수 있으면 좋

겠다. 팥빙수 하나가 나를 이렇게 행복하게 하다니."

"지난주에 장애인 복지시설에 봉사 활동을 다녀왔어. 다른 친구들은 이미 여러 차례 가 봐서 그런지 익숙했지만, 난 처음에 어쩐지 낯설고 어색하더라. 그치만 모든 것은 마음먹기 나름이야. 에라 모르겠다 싶어서 팔을 걷어붙이고 장애인들을 목욕시키고 닦아 주고 옷 입히다 보니까 나중엔 서로 슬쩍 치면서 농담도 하고 웃게도 되더라고. 힘든 줄도 모르고 그분들을 깨끗하게 씻긴 후 함께 노래하고 놀았어. 돌아오는 길에는 난생처음 이상한 경험을 했어. 가슴이 짠해 오면서 눈물이 주르르 흐르는 것이었어. 나는 속으로 이런 것이 바로 행복감이구나, 혼자서 중얼거렸지 뭐야."

"상당히 오랫동안 식구들 모두 어두운 얼굴로 불행에 잠겨 있었는데, 정말 오랜만에 우리 집에 행복이 찾아왔어요. 아빠는 장기간 승진에서 밀려서 늘 퇴직당하지 않을까 걱정하고 있었는데, 뜻밖에 임원으로 승진했어요. 엄마는 5년 전 유방암 수술을 받고 재발하지 않을까 항상 조마조마했는데, 지난주에 5년이 지났으니 완치된 거라는 의사 선생님의 확진이 있었대요. 오빠는 대학을 졸업하고 사법고시 최종 합격 통지를 받았어요. 나는 얼마 전 수능 시험을 치렀는데, 최상위권이 확실해요. 대학에 가서는 생물학을 전공하고 여성 의생명공학자가 되어 생명윤리학을 넓고 깊게 공부하고 싶어요. 인간과 아울러 생명체 전반의 생명과 죽음 그리고 삶과 행복의 의미와 가치를 연구할 생각이에요. 내 포부가 너무 황당한가요?

어쨌든 우리집에 최근 경사가 겹쳤어요. 아빠와 엄마는 조만간 날을 잡아서 식구들끼리 맛있는 음식을 정성껏 차려 놓고 축하 파티를 열 테니 기대해도 좋다고 하셨어요."

일상인들은 일상적 행복을 삶의 목표로 삼고 행복감에 젖을 때마다 기쁨을 표현한다. 일상적 행복은 쾌락이다. 그러므로 일상인들은 유물론적 실용주의자이면서 쾌락주의자들인 셈이다. 물질적 욕망 충족을 행복이라고 한 마르크스 역시 쾌락주의자라고 할 수 있다.

쾌락주의의 시초는 고대 그리스로 거슬러 올라가 정신적 쾌락주의에서 찾을 수 있다. 소크라테스가 죽은 후 나타난 견유학파, 키레네학파, 메가라학파◆는 소크라테스의 덕 사상을 이었다. 넓게 보면 세 학파 모두 행복과 쾌락을 추구했다. 견유학파는 개처럼 단순하게 살면서 정신적인 덕을 수양했다고 하는데, 대표적 사상가로는 안티스테네스◆, 디오게네스, 크라테스◆ 등이 있다. 이들은 극기에 가까운 금욕을 추구하고, 자연과 일체된 삶을 살면서 덕을 수양하는 정신적 쾌락을 행복이라 여겼다.

이들의 사상을 잘 나타내는 일화가 전해진다. 어느 여름날 대낮에 디오게네스가 등불을 들고 아테네 시내를 돌아다니면서 만나는 사람마다 등불로 비추어 보는 것이었다. 물론 사람들은 그를 아테네에서 가장 현명한 철학자로 여겼기 때문에 미친 사람이라 생각지는 않았다.

메가라학파
소크라테스의 애제자인 메가라 출신의 에우클리데스가 창설한 학파로, 소크라테스의 윤리학에 존재의 유일성과 영원불변성을 주장한 엘레아학파의 존재론을 결합시켰고, 특히 논쟁술을 연구했다.

안티스테네스
(BC 445~BC 365)
그리스의 철학자로, 소크라테스에게서 수학하여 견유학파를 창시하고 금욕주의를 내세웠다.

크라테스
(BC 365?~BC 285?)
그리스의 철학자로, 견유학파의 대표자 중 하나였다. 자유의지에 의한 자발적 빈곤과 독립 정신만이 운명의 변화에 흔들리지 않고 편안한 몸과 마음을 준다고 주장했다.

다만 그 행동이 아무래도 심상치 않은 뜻을 품고 있다고 본 어떤 사람이 그에게 다가가서 조용히 물었다.

"선생님, 지금은 여름 한낮이고 하늘에는 구름 한 점 없이 맑은데, 등불을 밝히고 만나는 사람마다 자세히 들여다보시는 뜻이 있나요?"

"응. 사람을 찾아. 사람다운 사람을 찾고 있다고!"

당시 아테네는 마케도니아의 알렉산더 대왕에게 점령당했고, 재기할 만한 힘이 전혀 없었다. 디오게네스는 패망의 원인이 시민들의 타락에 있다고 보고 인간다운 인간을 찾고 있노라 경종을 울렸던 것이다.

키레네학파의 철학자들은 자족(自足), 곧 내면적 충만과 정신적 쾌락을 행복으로 여겨 검소한 삶과 덕의 수양을 실천했다. 그중 한 명인 아리스티포스 역시 행복을 삶의 목표로 삼았다. 그러나 그가 추구한 행복은 맹목적이고 감각적인 쾌락이 아니었다. 그가 보기에 감각적 쾌락은 순간적이며 어리석은 것이었다. 대신 현명한 통찰에 의해서 얻을 수 있는 향락, 즉 정신적인 쾌락을 행복과 동일시했다. 이렇게 보면 견유학파와 키레네학파는 모두 물질적으로는 금욕주의를, 정신적으로는 쾌락주의를 추구했다고 할 수 있다.

헬레니즘 시대의 에피쿠로스학파의 시조인 에피쿠로스는 유물론자이면서도 정신적 쾌락을 행복으로 여겼다. 에피쿠로스는 데모크리토스의 유물론적 원자론을 받아들여, 자연과 영혼은 모두 물질적 원자

> **아리스티포스**
> (BC 435?~BC 355?)
> 그리스의 철학자로, 소크라테스의 제자이며 소크라테스학파의 하나인 키레네학파를 창시했다. 변론술을 가르치던 소피스트적인 성격이 강하며, 인식은 감각에 기초하는 것이고, 쾌락의 향유만이 행복이고 선이라고 주장했다. 그에게 이상적인 현자란 미신이나 걱정에서 해방되고, 쾌락에 젖지 않으며, 식견을 갖춘 사람이었다.

로 구성되어 있다고 보았다. 그러나 에피쿠로스가 찾은 삶의 궁극적인 목표는 외면적이고 내면적인 안정, 곧 동요하지 않는 영혼의 상태인 부동심이었으며, 이것이 바로 정신적 쾌락이고 행복이었다.

"고대 그리스 철학의 쾌락주의는 모두 개인적 쾌락주의야. 물론 정신적 쾌락을 행복이라고 해도 그것은 한 개인의 것이지. 그러나 행복은 개인적이면서도 어디까지나 공동체 사회를 전제로 하지 않으면 객관성을 가지기 힘들어."

"맞아. 그래서 영국의 벤담*은 공동체 사회의 행복을 참다운 행복으

벤담(1748~1832)

영국의 철학자이자 법학자, 경제학자이다. 행위의 목적이나 판단의 기준이 인간의 이익과 행복을 증진시키는 것이어야 한다는 공리주의의 대가로 불리며 '최대 다수의 최대 행복'을 도덕의 기준으로 삼는 양적 공리주의를 표방했다. 영국의 법철학에 큰 영향을 끼쳤으며, 자유경제 체제를 옹호했고, 법과 도덕이 인간의 쾌락을 늘리고 고통을 감소시키는 데 기여해야 한다고 주장했다.

로 제시하면서 '최대 다수의 최대 행복(the greatest happiness of the greatest number)'이라는 공리주의를 주장했지. 벤담에 의하면, 인류는 고통과 쾌락이라는 두 군주의 지배를 받고 있어. 인간의 행동은 그와 관련된 사람들의 행복을 증가시키면 찬양받아야 하고 감소시키면 비난받아야 하는데, 이게 바로 유용성의 원리야. 벤담에 이어 존 스튜어트 밀은 유용성이 쾌락이고 쾌락은 곧 행복이라고 했어. 영국에서 민주주의가 발달하고 대중과 여론이 중요시되면서 공동체 사회의 쾌락을 전제로 한 행복이 중대한 의미와 가치를 가지게 된 거야.”

노동자 사회, 곧 공산주의 사회가 이상향이라고 주장하면서, 모든 인간이 예외 없이 노동자가 되어 물질적 욕망을 충족시키면 행복해지리라는 마르크스의 꿈 역시 일종의 공리주의적 쾌락주의라고 할 수 있다.

그러나 공리주의자들이 주장하는 공동체 사회의 행복, 곧 최대 다수의 최대 행복이란 도대체 어떤 것인가? 과연 최대 다수를 만족시키는 행복이란 가능한가? 그렇다면 최대 다수에서 제외된 소수의 불행은 그대로 놓아둘 것인가? 이렇듯 다원적인 문제 제기와 아울러 해결책을 제시하기 위해 인내와 자각을 동반하는 대화, 토론, 의사소통의 절차를 밟을 필요가 있다. 그렇지 않으면 다양하고도 다원적인 행복으로 향한 길은 영영 찾을 수 없을 것이다.

이기심을 넘어선
성숙한 개인의 힘

흔히 이기주의*와 개인주의, 주관주의*
는 서로 혼동하기 쉽다. 그러나 이기주의는 이타주의와, 주관주의는 객
관주의와 반대되는 개념이라 이해하면 크게 어렵지 않다. 그런데 개인
주의가 문제다. 개인주의를 이기주의와 같은 의미로
생각하는 경우가 많지만 역사적·사회적·정치적으
로 볼 때 전체주의의 반대 개념인 개인주의는 이기
주의나 주관주의와 거리가 멀다. 오히려 주관주의가
이기주의에 매우 가깝다. 특히 요즘에는 개인 이기주
의와 집단 이기주의가 문제가 되곤 한다.

"독재 국가의 독재자나 소위 엘리트라 불리는 자

> **이기주의**
> 자신의 이익만을 꾀하고 사회 일반의 이익은 염두에 두지 않는 태도
>
> **주관주의**
> 인식과 실천의 판단 근거를 개인의 관점이나 견해에 두고 지적·도덕적·미적 가치의 주관성을 강조하는 태도

들은 입으로만 국민의 행복과 복지를 외치고 실은 개인 이기주의와 집단 이기주의로 단단히 무장하고 있어. 히틀러, 스탈린, 카다피, 김일성, 카스트로 등은 독재 권력을 휘둘러 호의호식하면서 개인 이기주의의 극치를 보여줬지. 게다가 전체주의 국가의 핵심 인물들은 집단 이기주의로 뭉쳐 있었어."

"굳이 멀리 갈 것도 없이 어느 사회에서나 개인 이기주의와 집단 이기주의를 볼 수 있어. 특히 시민 의식과 공동체 의식이 성숙하지 못한 사회일수록 만연해 있거든. 친구들 중에도 선생님에게 잘 보여서 인정을 받고, 수단과 방법을 가리지 않고 친구들에게 밥을 얻어먹거나 학용품을 공짜로 챙기는 얌체족이 있는데, 이런 친구는 개인 이기주의가 뭔지 몸소 보여 주는 것 같아. 그런가 하면 왕따는 어떻게 보면 집단 이기주의의 결과야."

"홉스가 말한 '만인의 만인에 대한 투쟁'이나 '인간은 인간에게 늑대'와 같은 자연 상태야말로 개인 이기주의와 집단 이기주의를 잘 표현한 말인 것 같아. 개인 이기주의이든 집단 이기주의이든, 이기주의가 얻는 쾌락이나 행복은 결국 근시안적이고 순간적이어서 그 결과는 어디까지나 불행이라고 봐야 해."

그런데 인간의 사고방식과 행동을 결정하는 데는 성장 과정과 교육, 환경과 관습 등이 매우 크게 작용한다. 대부분의 일상인들은 이런 사실을 망각하고, 주관주의와 이기주의로 굳어진 자신의 사고방식과 행동이 옳다고 주장한다.

"나는 아버님 제사를 음력 기일에 차리는 것이 옳다고 생각해. 우리 조상들이 음력에 따라서 제사상을 차리고 제사를 지냈기 때문이지. 그리고 아버님 묘지에 찾아가는 것은 양력을 따라야 해. 돌아가신 양력 날짜를 무시할 수는 없으니까."

"우리 아버지는 평생 기독교인으로 사셨고 생전에는 제사를 못 지내게 하셨는데 이제와 음력, 양력 나눠 가며 제사를 지내자니, 아버지가 원치 않으실걸."

"무슨 소리야? 제사는 산 사람을 위한 거지, 죽은 사람이 제사를 지내는 게 아니야. 그러니 내 말대로 지내는 게 옳아."

돌아가신 아버지가 생전에 기독교인이었고 자식들의 종교가 다양하다고 해도, 주관적이며 이기적인 장남의 주장이 현실을 지배할 수도 있다. 대부분의 선진국을 비롯해서 여러 나라의 국민들은 한 가지 종교를 믿거나, 믿지는 않더라도 오랫동안 그 종교에 의해 굳어진 관습에 따라 살아간다. 가까운 일본만 해도 수없이 많은 신들을 섬기기는 하지만, 그들의 민족 종교는 신사참배로 요약된다. 그런데 우리나라 사람들을 보면 샤머니즘, 기독교, 불교, 유교, 무종교 등 다양한 종교 형태를 지닌다. 다양하고 다원적인 믿음의 형태들이 어울려 살아가고 있으니 긍정적으로 볼 수 있지만, 다른 한편으로는 민족이나 나라의 기본 정신인 종교가 서로 이질적이므로 이 모두가 조화를 이루며 공존하는 데 더 많은 노력을 요하기도 한다.

우리나라는 민주주의 국가이고 누구나 마음껏 자유를 누리며 각기 서로 다른 신념과 종교를 따라 살아간다. 그런데도 국제 인권 기구에서는 한국의 인권이 보장되어 있지 않으며 그 의식 또한 미약하니 시정하라고 권고한다. 제도상으로는 그렇지 않아도, 사회 구성원들의 의식과 관습이 혈연, 지연, 학연 등에 얽매여 개인의 자유와 평등이 보장되지 않기 때문이다.

이러한 사고방식과 태도는 시민 의식과 공동체 의식의 성숙으로만 극복할 수 있다. 헤겔은 역사의 변증법적 발전 과정을 매우 흥미롭게 표현했는데, 역사는 아시아적 단계에서 그리스 로마적 단계로, 결국에는 근대 시민사회로 발전하면서 그 전개 과정을 완성한다는 것이다. 아시아적 단계란 왕이 보기에 모든 백성은 잠들어 있고 왕 혼자만 깨어 있는 것이다. 왕은 혼자서만 각성하고 있다고 생각하지만, 실은 그 자신도 아직 사회적 의식을 자각하지 못한 단계라고 할 수 있다. 이 단계를 지나면 몇몇 지배자가 각성하게 되는데, 이것이 그리스 로마적 단계다. 마지막으로 시민 의식과 공동체 의식이 성숙한 단계가 근대 게르만의 시민사회라는 것이 헤겔의 주장이다.

왕 혼자만 깨어 있다고 생각하는 것은 주관주의와 이기주의이므로, 이 단계는 독재의 단계라고 할 수 있으며, 왕은 전권을 휘두르면서 지배욕과 이기심을 충족시킨다. 이기주의와 주관주의가 난무하는 사회에서 개인은 오직 자신만을 목적으로 삼고 타인은 수단에 불과하다고 여긴다. 따라서 사회는 무한 경쟁으로 넘쳐나고 무질서와 혼란이 끊이지 않는 불행한 곳이 된다. 때문에 이 사회에 속한 청소년들도 불행의 심연에서 헤어나지 못하고 신음할 수밖에 없다.

그러나 개인주의는 이기주의나 주관주의와는 질적으로 다르다. 개인주의는 공동체 사회의 기초가 되는 인본주의를 가리킨다. 다시 말해, 사회 구성원으로서의 각 개인이 자기 자신을 인격 주체로 자각하는 동시에, 다른 개인을 자신과 마찬가지로 목적이자 인격 주체로 인정하는 것이다. 타인을 간섭하지도 않고 방해하지도 않으며 괴롭히지도 않고 자신과 마찬가지로 존중하는 태도가 바로 개인주의다. 청소년들도 개인주의의 성숙을 자각하고 체험할 때 나와 남이 더불어 행복할 수 있는 길을 발견하게 된다.

대화와 토론이
닫힌사회의 문을 연다

독일의 사회학자 퇴니에스*는 어느 사회든 이익사회(Gesellschaft, 게젤샤프트)와 공동사회(Gemeinschaft, 게마인샤프트)의 이중적 성격을 지니고 있다고 말했다. 사람들이 모여서 집단을 이루면서 이익을 취하는 사회가 이익사회이고, 사람들이 함께 힘을 합하고 배려하며 도와주는 사회가 공동사회다. 이익사회는 계약을 바탕으로 비인격적이고 합리적인 관계를 맺은 사람들이 개별적 이익을 추구하는 이기적 사회이고, 공동사회는 인격적이고 지속적인 관계를 맺은 이들이 공통의 목표를 추구하는 이타적 사회다. 두말할 필요도 없이, 이익사회에서 공동사회로 지향해 갈 때 인간의 행복이 보장된다. 개인들끼리도 서로 협력할 줄 모르고 자신의 이익만 추구하다 보면 갈등이 생기고 급기야는 싸움까지 벌어지기 때문이다.

"얼마 전 일이야. 돈이 그렇게나 대단한지, 그 앞에서는 핏줄도 소용없나 봐. 우리나라에서 손꼽히는 두 재벌 회장이 돌아가신 선친의 재산 상속 문제로 서로 고소한 일이 언론 매체를 가득 채운 적이 있어. 말하자면 형제간의 돈 싸움이자, 집안 간의 재산 싸움인 셈이지. 과거에도 이와 비슷한 형제간 재산 싸움이 가끔 있었어. 이런 사람들이 손꼽히는 재벌 기업의 회장들이고 사회를 앞장서서 이끌어 가는 인물들이라고 생각하면, 인간이 어떤 의미와 가치를 가지고 있는 존재인지 전혀 알 수가 없어."

"정말 인간이란 알다가도 모를 존재야. 베이컨, 쇼펜하우어, 하이데거 등 철학사에 남는 철학자들이 과연 이익사회를 추구했는지, 아니면 공동사회를 추구했는지 헷갈린단 말이야. 베이컨은 영국 경험론의 시조로 '아는 것이 힘이다'라고 말하면서 자연을 경험적으로 탐구하기 위해 전통적 편견을 벗어나 근대적 지식을 구성하고자 귀납 논리*를 전개했어. 그런데 장관으로 일하다가 횡령죄로 걸려서 재판을 받고 런던 탑에 갇혀서 죗값을 치러야 했지. 쇼펜하우어는 아버지에게서 재산을 통째로 상속받고는, 어머니와

귀납 논리
개별적인 특수한 사실이나 원리를 전제로 하여 보편적인 사실이나 원리를 이끌어 내는 연구 방법. 베이컨을 거쳐 밀에 의하여 자연 과학 연구 방법으로 자리 잡았다.

누이동생에게는 한 푼도 주지 않아서 평생 가족과 의절했대. 하이데거는 프라이부르크 대학 총장이 되어 나치 완장을 차고 총장 취임 연설 때 연구, 봉사, 국방을 강조했다지."

"소위 유명한 철학자들도 자신의 이익을 위해서 타인을 배려할 줄 모르는 어리석은 행동을 할 수 있구나 하는 생각이 드네. 그러니 평범한 우리야 오죽하겠어? '간에 붙었다, 쓸개에 붙었다'라는 말도 있잖아. 개인의 이익을 위해서는 수단과 방법을 가리지 않는 세상 사람들의 모습인 거지."

현대 프랑스의 생철학을 대변하는 베르그송은 『도덕과 종교의 두 원천』에서 도덕과 종교는 발전적으로 진화한다고 보았다. 도덕은 닫힌도덕에서 열린도덕으로, 종교는 정적(靜的) 종교에서 동적(動的) 종교로 발전한다는 것이다. 사람들이 습관적으로 지키는 도덕이 닫힌도덕인데, 예컨대 전통적으로 내려온 남녀차별을 그대로 지킨다거나 귀족과 평민의 차이를 그대로 인정하는 무비판적·무반성적 도덕을 가리킨다. 그러나 닫힌도덕의 문제점을 자각하고 반성과 비판을 통해 발전적으로 변화시키는 도덕은 열린도덕이다. 프랑스 혁명의 자유·평등·박애 정신은 열린도덕을 위한 발판인 셈이다.

정적 종교는 관습과 형식에 치우친 종교로, 죄악으로부터 인간을 구원하여 선으로 이끌기보다는 습관적인 종교 행사에만 신경 쓴다. 종교개혁 당시의 기독교는 동적 종교로, 루터*나 칼뱅*과 같은 사람들은 신부들이 종교적 권위를 버리고 『성서』로 돌아가서 본래적인 믿음을 회복해야 한다고 주장했다.

칼 포퍼*가 『열린사회와 그 적들』에서 말한 열린사회란 공동사회와 일맥상통한다. 이러한 사회에서는 대화와 토론과 의사소통의 장이 열려 있으며, 사회 문제를 해결하려는 다원적인 방법이 제시될 수 있다. 열린사회의 구성원들은 미세 담론의 장을 형성하는데, 다양한 견해들을 포용하며 서로 토론하는 것을 미세 담론이라고 한다. 다양한 견해들이 허용되고 존중받으며 검증 가능하고 설득력 있는 문제 해결 방안을 함께 강구하는 사회가 열린사회이자 공동사회라고 할 수 있다.

그렇게 본다면 '열린사회의 적'은 당연히 닫힌사회다. 열린사회와 닫힌사회는 베르그송의 열린도덕과 닫힌도덕, 정적 종교와 동적 종교에서 많은 영향을 받은 듯하다. 포퍼는 열린사회의 적들로 플라톤과 헤겔, 마르크스를 꼽았다. 플라톤은 완전하고도 절대적인 이상 국가를 현실에서 실현하려고 했는데, 이는 지혜, 용기, 절제가 조화를 이루는 정의로운 국가였다. 이상 국가에서는 선이 실현되므로 모든 국민이 행복할 수 있고, 영원불변하는 선의 이데아가 최고의 진리이며, 선의 이데아 아래에서 지혜, 용기, 절제의 덕이 실행되어야 한다는 플라톤의 주장은 그러나, 포퍼가 보기에 독단에 지나지 않았다.

루터(1483~1546)
독일의 종교 개혁자이자 신학 교수이다. 1517년에 로마 교황청이 면죄부를 팔아 돈을 버는 장삿속에 분격하여 항의서를 발표해 파문당했다. 그러나 이에 굴하지 않고 종교 개혁에 앞장섰으며 『성서』를 독일어로 완역하고 신교의 한 분파를 창설했다.

칼뱅(1509~1564)
프랑스의 종교 개혁자이자 신교의 한 갈래인 칼뱅파의 교조. 제네바에서 종교 개혁을 단행하여 프로테스탄트의 교설을 체계화하고, 금욕의 윤리와 같은 엄한 규율을 만들었다.

칼 포퍼(1902~1994)
현대 영국의 철학자로, 비판적 합리주의를 주장했다. 과학철학자로서 연역 논리에 의한 객관적인 지식을 탐구하였으며, 파시즘에 반대하여 민주주의와 자유를 옹호하였다.

또한 포퍼는 헤겔이 말한 세계 원리인 절대정신 역시 독단적이라고 보았다. 절대정신의 윤리적 완성 단계인 법을 실현하는 장소가 국가이므로 절대정신이야말로 자연이고 역사이며 국가라는 헤겔의 변증법은 닫힌 이론이었다.

한편 마르크스는 유산계급과 무산계급의 계급 차를 철폐하고 모든 인간이 노동자가 되어 스스로 일하여 먹고사는 공산주의 사회를 이상 사회로 보았다. 그러므로 공산당 독재가 지배하는 왜곡된 공산주의, 또는 사회주의 사회는 마르크스가 말한 궁극적인 이상 사회가 아니며, 오늘날 공산주의를 표방하는 국가들은 오히려 마르크스의 뜻에 반하는 사회인 셈이다. 마르크스는 자본주의 사회가 '모든 사람이 능력에 따라 일하고 노동에 따라 분배하는' 과학적 사회주의를 거쳐 '모든 사람이 능력에 따라 일하고 필요에 따라 분배하는' 공산주의 사회로 나아갈 것이라고 보았다. 농업과 공업, 도시와 농촌, 육체노동과 정신노동의 구분이 잔존한 과학적 사회주의 사회에 반해, 공산주의 사회에서는 이러한 모든 구분이 사라지리라 생각한 것이다. 그러나 포퍼가 보기에 사회주의 사회나 공산주의 사회 모두 닫힌사회에 불과했다. 인간의 자유와 평등이 보장되기 위해서는 처음부터 다원적이며 점진적으로, 대화와 토론과 의사소통에 의해 다양한 미래가 전개될 수 있는 열린사회를 전제로 해야 하기 때문이다.

많은 사람들이 철학을 자기반성과 자기비판의 학문이라고 생각하지만, 실상 철학사에 등장하는 유명한 철학자들, 예컨대 플라톤, 헤겔 또는 공자나 맹자 등을 보면 반성과 비판에 앞서서 종교적인 독단론을

진리로 제시하
고 강요하는 경향이
강하다. 지금도 많은 철학자
들은 지난 시대의 강단 철학자들
이 주장한 독단적 견해들을 제대
로 이해하지도 못한 채 녹음기처럼 되뇌고 있다.

이익사회를 극복하고 공동사회로 나아가기 위해서는 자기반성과 자
기비판뿐만 아니라, 자기 극복이 필수적이다. 청소년들은 사회적 관습
과 권위에 의존하지 않고 스스로를 깊이 들여다보며 이해함으로써 더
많은 사람의 생각과 태도를 포용하고, 토론할 수 있어야 한다.

우리나라는
열린사회일까

마르크스는 닫힌사회를 열기 위해 평
생 동안 계급 혁명을 외쳤지만, 결국 스스로 닫힌사회를 더 굳게 닫아
버리는 결과를 초래했다. 그는 열린사회를 위한 실마리가 다원적이고
다양한 의사소통이라는 사실에 관심을 기울일 만한 마음의 여유가 없
었다. 못살고 못 먹는 사람들의 비참함을 더 이상 방관할 수 없었기 때
문이다. 모든 사람이 노동자가 되어 자신이 만든 생산품의 주인이 되
는 일, 모든 사람이 물질적 욕망을 충족시켜서 행복해지는 이상 사회
가 현실적으로 가능하다고 확신했다.

이상과 이념과 현실은 분명히 다르다는 단순한 진실을 위대한 사상
가나 철학자 들이 오히려 보지 못하거나 무시하곤 한다. 대개 사상가

들은 이상을 정리정돈해서 이념을 만들고, 현실적으로 나아가야 할 목표와 방향을 이념으로 설정한다. 즉, 이상의 상태 내지 이상으로 향하는 방법은 이념이다. 그러나 이상과 이념과 현실은 언제나 따로 떨어져서 그만의 의미를 지닌다. 예컨대 성인(聖人)이나 군자는 유교의 이상이지만 현실에서는 성취하기 어렵고, 설령 이룬다 하더라도 그가 과연 현실을 사는 데 적합한 인간인가 하는 문제는 별개인 것과 같다.

헤겔은 역사의 이념을 자유라고 했는데, 헤겔에 따르면 인간의 역사는 자유를 향해 나아가고 있는 셈이다. 그러나 완전하고도 절대적인 이상이나 이념을 독단적으로 전제하고 그것에 따르고 복종하라고 한다면, 그러한 상황에서는 자유로운 의사소통이 불가능할 뿐만 아니라 열린사회가 될 수도 없다.

자유로운 담론과 허심탄회한 의사소통이 가능해야만 열린사회의 가능성이 열린다. 열린사회는 시민 의식과 공동체 의식이 성숙한 사회이고, 다양한 미세 담론에 의해 다원적 의사 결정이 가능한 곳이다. 특정인들의 거대 담론, 곧 독단론이 지배하는 사회는 폐쇄적인 사회이고, 정치적, 경제적인 독단론은 이데올로기에 불과하다. 시민 의식이 성숙되면 전제 국가, 독재 국가, 공산주의 국가가 해체될 수밖에 없는 이유는 그런 국가들이 소수의 이익만 부추기는 이데올로기에 의해 통치되기 때문이다.

이데올로기란 특정 지배 계층의 정치적·경제적 통치 이념이다. 대부분의 이데올로기는 말로만 국민을 위하고 인간의 자유와 평등을 기본으로 한다고 외칠 뿐, 사실 지배 계층의 이익 추구 외에는 관심이 없다. 특히 우리나라의 제사와 그에 관련된 관습을 보면 지배층의 이데올로기적 측면이 강하게 드러난다. 전통적인 관습인 미신과 유교를 혼합시켜서 지배 계층과 남성의 권력을 과시하고 보존하려 했던 의도가 분명하게 드러나기 때문이다. 이는 우리나라 사람들이 폐쇄적인 윤리와 도덕을 무의식적으로 굳게 지키려 하기 때문에 열린사회로 나아가기가 아주 힘들다는 뜻이기도 하다.

제사는 원래 자연종교◆ 시절에 하늘, 태양, 달, 산, 바다 등의 자연물에 빌며 생명의 풍요로움을 청했던 의식으로, 고대 원시사회에서 공통된 생활방식 중 하나였다. 그러다가 자연종교가 민족종교◆로, 민족종교가 세계종교◆로 발전하면서 제사는 초월적 존재에게 헌신하는 종교 의식으로 변하게 되었다.

우리나라의 원시종교◆는 무속 신앙인 샤머니즘인데, 이는 전 세계 곳곳에서 찾아볼 수 있다. 샤머니즘은 무당(샤먼), 관객, 혼령으로 구성되고, 이 세 가지가 어우러져 굿이 이루어진다. 무당은 굿판을 벌려서 귀신들을 부르거나 쫓아내면서 길흉화복이 실현되도록 하는 중매쟁이 역할을 담당한다. 나중에 우리나라에 들어온 불교, 유교, 기독교 등은 자연종교인 샤머니즘을 기본으로 하고 있으며, 샤머니즘으로부터 지대한 영향을 받았다. 사찰이나 교회 앞에 '수능 100일 기도'라고 크

자연종교
민족 또는 세계종교에 이르기 이전에 생겨나는 자연 발생의 원시적 종교를 이르는 말로 주물 숭배, 다신교, 자연 숭배 등이 이에 해당한다.

민족종교
유대교나 고대의 바라문교 등 창시자의 이름은 알려지지 않은 채 민족의 성립과 더불어 형성되고 성장한 종교이다.

세계종교
기독교, 불교, 이슬람교 등 민족을 초월하여 인류의 대부분이 믿는 종교이다.

원시종교
체계적인 신에 대한 관념이나 교조, 경전, 교단 등의 조직이 없는 원시사회의 신앙 형태를 말한다. 영혼이나 자연을 숭배하는 애니미즘, 토테미즘 등 사회 조직이나 제도와 밀접하게 관련된 관념과 행동 양식을 보인다.

192

게 써 놓고 수험생 부모들이 100일 동안 기도하는 것을 보면 원래의 불교나 기독교와는 거리가 멀다. 내 자식만 수능에서 좋은 점수를 받고 일류 대학에 들어가기를 빈다면, 남의 자식들은 나쁜 점수를 받거나 일류 대학에 붙더라도 내 자식이 먼저 붙은 다음에 가라는 말이 된다. 종교의 으뜸인 사랑과는 정반대의 기도인 셈이다.

여전히 기성세대의 머릿속에는 칠거지악(七去之惡), 삼불거(三不去), 삼종지도(三從之道), 삼강오륜(三綱五倫) 등의 흔적이 깊게 남아 있고, 조선 시대에 유교가 번창했다는 지역에 가면 독단적 거대 담론의 폐쇄적인 윤리관이 여전히 세력을 떨치고 있는 것을 볼 수 있다.

조선 시대 양반 사회에서 이혼은 여자만 손해를 보는 억울한 일이었다. 남존여비(男尊女卑) 사상이 지배한 사회였으니 당연히 여자가 소박을 당하기 쉬웠는데, 특히 일곱 가지 허물을 뜻하는 칠거지악을 범할 경우 여자는 남편의 의견과는 상관없이 문중(門中) 어른들에 의해 시집에서 쫓겨났다. 그 허물이란 시부모 말에 순종하지 않는 불순구고(不順舅姑), 자식 못 낳는 무자(無子), 나쁜 병인 악질(惡疾), 말썽 많은 구설(口舌), 음탕한 행동인 음행(淫行), 질투, 절도 등 일곱 가지 허물을 가리켰다. 그러나 시집에서 내쫓아도 오갈 곳이 없거나, 삼년상을 남편과 함께 치렀거나, 시집와서 집안이 부유해지는 데 도움을 준 경우에는 시집에서 쫓겨나지 않을 수 있었는데, 이를 삼불거라 한다. 이렇듯 여자들의 행동을 감시하고 강요하는 한편, 이를 보호해 주는 장치도 있었다는 것은 흥미롭다. 또한 삼종지도는 여자가 출가 이전에는 아버지를 따라야 하고 출가해서는 남편의 뜻을 따라야 하며 남편이 죽으면 아들의 뜻을 따라야 한다는 세 가지 도리 내지 예법이었다.

　이렇게 보면 조선왕조 600년의 윤리와 도덕이 얼마나 폐쇄적이었는지 알 수 있다. 그러니 남자와 양반만이 판치는 세상이었고, 여자와 평민은 인간 이하의 취급을 받으면서 살았다. 이렇게 닫힌사회에서는 폐쇄적인 도덕과 독단적 사고가 절대적 지배권을 지니고 있다.

　"삼강오륜이 뭔지 알아? 유교 도덕에서 임금과 신하, 어버이와 자식 그리고 남편과 아내 사이에 반드시 지켜야 할 도리가 삼강(三綱)이고, 사람이 지켜야 할 다섯 가지 도리가 오륜(五倫)이야. 신하는 임금에게 절대 복종해야 하는 군위신강(君爲臣綱), 자식은 아버지를 위해야 하는 부위자강(父爲子綱), 아내는 지아비를 섬겨야 하는 부위부강(夫爲婦綱) 등이 삼강이지. 오륜은 아버지와 자식이 친해야 한다는 부자유친(父子有親), 임금과 신하 사이에는 의리가 있어야 한다는 군신유의(君臣有義), 부부는 서로 엄연히 다르다는 부부유별(夫婦有別), 어른과 아이는 순서를 지켜야 한다는 장유유서(長幼有序), 친구 사이에는 믿음이 있어야 한다는 붕우유신(朋友有信)이야."

　"오늘날의 관점에는 어울리지 않는 것도 있고, 따를 법한 것도 있지만, 문제는 그것들이 닫힌도덕이자 강요된 도덕이라는 점이야. 그런 폐쇄적인 윤리 강령들을 사회생활의 규범으로 만든 것은 조선의 왕과 정치가들이었어. 결국 백성들을 옭아매고 마음대로 다스리기 위한 이데올로기를 만든 셈이지."

고려 시대에는 불교가 국교였으므로, 조상 숭배는 제사의 핵심이 아니었다. 그러나 조선 시대에 접어들어 남존여비를 비롯해서 삼강오륜의 윤리를 강요하면서, 조상의 제사 역시 정치적인 목적에 의해 강요된 듯하다. 공자도 괴(怪), 력(力), 난(亂), 신(神) 즉 기괴한 것, 이해할 수 없는 엄청난 힘, 매우 혼란스러운 것, 귀신 등은 무의미하고 무가치한 것이니 논하지 말라고 말했을 정도였으니, 조상의 귀신을 섬기는 식의 제사는 원래의 유교 정신에 어긋난다. 결국 우리나라 정부는 1969년과 1999년 두 차례에 걸쳐서 제사는 관습에 따르되 가능한 한 간소하게 하기를 권하는 가정의례 준칙을 발표했다. 장례식이나 제사가 너무 복잡하고 호화로웠고, 또 당사자들 사이에 말썽이 많았기 때문이었다.

"천 리 길도 한 걸음부터"라는 말이 있듯이, 길고 긴 인내와 자각이 없다면 열린사회는 물론이고 의사소통도 불가능하다. 『논어』에 '성자성야(誠者成也)'라는 말이 나온다. 성실하면 이루어진다는 뜻이다. 시민 의식과 공동체 의식이 성숙하기 위해서는 사회 구성원, 특히 청소년들이 철저한 자기반성과 자기비판을 거쳐 성실하고 진솔한 자세로 의사소통에 임할 필요가 있다.

이상주의의 함정,
완전성과 절대성의 허상

마르크스의 행복론은 공리주의적 쾌락주의로, 그가 말하는 물질적 욕망 충족은 정치·경제적 욕망 충족을 뜻한다. 『자본론』의 부제인 '정치경제학 비판'이 암시하듯, 마르크스 사상은 전통적인 의미의 철학보다는 정치경제학에 훨씬 가깝다고 말하는 편이 옳을 것이다.

마르크스가 활동하던 19세기 당시 영국을 비롯해서 프랑스와 독일의 노동자와 소작농 들은 노예나 다름없는 상태에서 자본가들에게 착취와 혹사를 당하고 있었다. 부유한 변호사의 아들로 태어난 마르크스는 17세에 이미 '온 힘을 다해 인류에 기여'하고 '초라하고 제한된 이기적인 기쁨을 향유하지는 않'으리라 다짐한다.

"내가 알기에는, 19세기 초반과 중반 유럽에서 공산주의 운동이 확산된 것은 마르크스 사상 때문만은 아니야. 영국의 오언*과 프랑스의 생시몽*, 푸리에* 등은 사유재산을 폐지해야 가진 자와 못 가진 자의 차별이 없어지고 공산주의 사회가 실현될 수 있다는 이론을 제시하기도 했거든. 그들은 여전히 헤겔의 영향에 갇혀 있었기 때문에 유물론적 정치·경제 철학을 주장하는 마르크스는 그들에게 반대하고 자기만의 유물변증법* 사관을 체계적으로 전개한 거야. 나는 마르크스를 이상주의자라고 생각해. 대개 이상주의자들은 열정적이면서 외곬 기질의 소유자들 아니겠어?"

"그래도 노동자를 위한 사회를 만들겠다고 죽을 때까지 자기를 불사른 건 참 인상적이야. 마르크스는 프로이센의 정치적 박해를 피해 독일에서 프랑스 파리로 도피한 후 다시 벨기에로 도망갔다가 마지막으로 런던으로 망명해서 정착했어. 그런 와중에도 끊임없이 노동자 혁명과 사상을 독려하는 잡지나 신문을 발행하거나 자신의 글을 쓰고 공부했대.

프랑스 파리에서 만난 평생의 동료이자 친구인 엥겔스는 마지막까지 마르크스를 후원했어. 『신성가족』과 『공산당 선언』을 공동 집필하기도 했지. 아내와 딸을 병으로 잃고, 자신의 건강도 무척 나빴던 상태에서도 마르크스는 『자본론』 집필을 계속했지만, 결국 유언도 없이 숨을 거

오언(1771~1858)
영국의 사회주의자로, 방직 공장 경영에 성공하여 미국에 공산 사회를 건설하려다 실패한 후로 노동조합 운동을 이끌었다.

생시몽(1760~1825)
프랑스의 사상가로, 과학자, 자본가, 실업가를 포함한 산업가가 지도하는 새로운 사회 체제를 구상했다. 『산업론』, 『산업자의 교리문답』이 대표적 저서다.

푸리에(1772~1837)
프랑스의 사상가로, 자본주의 사회의 모순을 지적하고 자유로운 생산자의 협동조합을 실현할 것을 주장했다. 『산업적 조합의 신세계』를 썼다.

유물변증법
자연과 사회는 물질적 존재이며 변증법적으로 발전한다고 설명한 이론이다. 헤겔의 관념론적 변증법에 유물론을 적용하여 전개한 것으로, 자연현상뿐 아니라 인간 사회에서도 양적 변화가 점진적으로 누적되어 일정한 단계에 이르면 급작스런 질적 변화를 일으킨다고 설명했다. 마르크스는 봉건주의가 자본주의를 낳을 수밖에 없는 조건을 이루었듯 자본주의가 내재한 빈부 격차, 계급 갈등 등이 지속되다 보면 마침내 만인이 평등한 공산주의 사회로 나아갈 것이라 보았다.

두었다고 해. 그래도 1856년 부터 쓰기 시작한 『자본론』 1권을 생전인 1867년에 출판할 수 있었어. 『자본론』 2~3권은 마르크스가 죽은 후 엥겔스가 정리해서 출판한 거고."

마르크스가 공산주의 사상을 정립하는 데 핵심적인 역할을 한 요소들이 있다면 당시 프로이센 정부의 반동주의, 계급 차별과 계급 갈등이 극심했던 산업혁명 이후 18세기의 자본주의, 헤겔의 변증법 철학 및 자유·평등·박애의 실현을 목표로 삼은 프랑스 혁명을 들 수 있다. 좀 더 쉽게 말하자면, 마르크스는 프랑스 혁명의 이념을 실현하기 위해서는 변증법적 논리에 따라 자본주의가 필연적으로 내재한 계급 갈등을 노동자 혁명에 의해 철폐하고, 모든 사람이 노동자가 되는 공산주의 사회를 건설해야 한다고 생각했던 것이다. 마르크스와 엥겔스는 청년 시절에는 각각 헤겔 철학에 몰두했으나, 훗날에는 헤겔주의적 관념론을 비판하고, 유물론적 관점에 입각한 공산주의 사상을 펼쳤다.

자본주의는 원래 영국에서 발전한 경제 이데올로기다. 인간은 누구나 자유롭게 경제활동을 할 수 있으며, 능력에 따라 마음껏 벌 수 있다는 것이 자본주의의 기본이다. 그러나 초기 자본주의는 애초부터 자본을 많이 가진 사람과 그렇지 못한 사람 간의 격차를 심화시켰을 뿐

만 아니라, 자연환경과 사회복지에 대한 적절한 규약이 없어 어린이와
청소년들을 비롯한 사회적 약자와 노동자의 삶은 처참하기 그지 없었
다. 결국 오늘날의 자본주의는 기독교 윤리, 곧 박애 정신과 사회주의
사상 일부를 적절히 차용하였음을 기억해야 한다. 자유롭게 생산 활동
에 참여하여 능력껏 이득을 취한다고 해도, 공동체 사회에서 살고 있
으므로 세금이나 기부를 통해 어느 정도 사회에 환원해야 한다는 것
이 그 핵심 내용이다. 그러나 우리나라에서는 이러한 정신이 굳게 뿌
리내리지 못한 채 샤머니즘의 기복적 성격 위에 기독교 사상이 자리
잡으면서 박애 정신을 군건한 바탕으로 삼지 못했다. 따라서 우리나라

의 자본주의는 이기적이고 주관주의적인 색깔이 강하다.

1989년에 베를린 장벽이 무너진 직후 독일에서 어떤 사람이 공산주의 사상을 굳게 믿고 반드시 있는 그대로 이루자고 외쳤다면, 독일 사람들은 전혀 귀 기울이지도 않았을 뿐만 아니라 코웃음을 쳤을 것이다. 당시 독일 사회에서는 이미 자유·평등·박애가 실현되고 있었기 때문이다. 20~21세기의 사회는 선진국이든 후진국이든 간에 지난날 마르크스가 살면서 체험했던 사회와는 질적으로 다르다. 19세기에도 마르크스의 사상에는 문제점이 있었는데, 그런 사상을 21세기에 와서 고스란히 실현하자고 주장하는 사람이 있다면 시간과 노력의 낭비에 지나지 않을 것이다.

그 당시의 마르크스는 물질과 정신이 하나라는 점을 간과하고 물질적 생산관계가 삶과 사회의 근본이고 정신적 문화(윤리, 법, 학문, 예술, 종교 등)는 부차적이라고 여겼다. 노골적으로 말하자면, 예술 행위나 종교 행위도 결국에는 먹고살자고 하는 일이라는 뜻이다.

한편 종교는 아편이라고 주장하며 종교에 의지하지 않고는 살아갈 수 없는 현실을 개탄했지만, 마르크스 역시 서양의 전통에서 완전히 벗어날 수는 없었다. 그러다 보니 그가 주장한 공산주의 사회는 모든 인간이 자유롭고 평등하고 행복한 천국의 차원에 머물렀다. 그는 독단적이며 경건한 기독교 신자와 마찬가지로 발전 사관(發展史觀)을 굳게 믿었고, 인간 사회는 역사의 유물변증법적 발전을 통해 과학적 사회주의 사회를 임시방편으로 거쳐서 이상적인 공산주의에 도달할 수 있다고 확신했던 것이다.

그렇다면 완전하고 절대적인 사회가 과연 현실적으로 가능할까? 완전성과 절대성은 이상에 지나지 않는데도 이러한 이상을 실현하자는 주장은 사실 강요에 지나지 않는다. 게다가 사람은 각자의 능력과 환경과 배경에 따라 천차만별이다. 모든 인간이 똑같이 노동자가 되어 욕망을 충족함으로써 행복해진다는 것은 논리적으로 매우 허술하다. 마르크스처럼 이상적 행복에만 지나치게 집착하다 보면 행복과는 거리가 먼 불행을 불러들이기 쉽다.

대의 민주주의와 절차 민주주의

　　　　　　　'국민을 위한, 국민에 의한, 국민의 정치'
는 민주주의의 본질을 명백하게 표현한 말이다. 고대로부터 중세를 거쳐 근대와 현대에 이르기까지, 동서양 여러 나라에는 왕정, 전제정치, 과두정치, 귀족정치, 민주정치 등 다양한 형태의 정치 제도가 있었다.

　전제 국가나 독재 국가에서는 인간의 보편적 권리인 자유, 평등, 박애, 정의 등이 존재할 수 없다. 물론 그런 국가에서도 정치적 선전의 도구로서 인민을 위한 민주주의라든가 인민의 자유와 행복 등을 요란스럽게 떠들어 대지만, 그런 표현은 전적으로 극소수의 지배 계층을 위한 수단에 지나지 않는다. 이런 사회에서는 인간도 평등하지 못하다. 전제군주나 독재자가 인간의 평등을 중요시했더라면 할아버지 때부터 대대로 권력을 잡지도 않았을 테고, 혼자서 수십 년씩 정권을 독식하지도 않았을 것이다. 한마디로 정치철학이 텅 빈 셈이다. 그러니 전제 군주나 독재자는 행복과 정의를 자신의 쾌감과 동일시하는 수준의 의식을 가진 자들이라고 보아야 할 것이다.

"그런 걸 보면 우리나라는 정말 비약적으로 발전했다고 할 수 있어. 과거에 비하면 언론의 자유라든가 집회 및 결사의 자유 등도 몰라볼 정도로 발전했어. 이승만 정권, 박정희 정권, 전두환 정권 등은 그 나름대로 장점도 있었지만, 결국엔 독재 정권이었거든.

이승만 정권 때는 걸핏하면 학생들을 공설 운동장에 모이게 했대. 대통령 찬가라든가 탄신일 기념 노래도 억지로 불러야 했고. 오죽하면 죽을 때 사람들이 '빽' 하고 죽는다고 했겠어? 빽이 무슨 말이냐고? 정치적이거나 금전적인 작고 큰 뒷배경의 힘을 말해. 박정희 정권 초기에는 세 사람만 모여서 소곤거려도 반정부적이라고 붙잡아 갔대. 전두환 정권 때는 많은 직업 군인 출신들이 특혜로 정계 요직을 차지했고."

"전두환 전 대통령이 범죄 행위로 재판을 받을 때 비자금 총액은 9천억 원이 넘었어. 그런데 당시 검찰이나 법원이 어찌나 관대했는지 5천억 원은 통치 자금으로 썼고 또 1천억 원은 이리저리 공적으로 사용했다고 해서, 비자금 추징금을 2,200억 원으로 정했다지. 그리고 무기 징역형을 내린다고 했다가 특별사면으로 모든 죄는 사라지고 추징금만 남았대. 그런데 얼마 전에 가족회의를 해서 추징금을 자진 납부하기로 했다는 신문 기사가 났어. 그러니까 법의 심판에 의해서 비자금 추징금을 강제로 납부하는 것이 아니고, 전두환 전 대통령 일가가 양심적이고 관대해서 현재 남은 1,600억 원을 자진 납부한다는 식이 된 거야."

"정치만 그런 게 아니야. 경제계에도 전제군주나 독재자에 버금가는 재벌 회장들이 있어. 옛날에 대우는 삼성이나 현대에 못지않은 재벌 기업이었어. 들리는 말에 의하면, 대우 회장이 당시 대통령과 친해지면서 처음에 500만 원 가지고 사업을 시작했대. 그는 시간이 꽤 흐른 뒤엔 세계적인 재벌 회사의 회장님이 되었고, 대우자동차 공장이 세계 각지에 세워졌어. 그러다가 도미노 식으로 대기업이 해체되고 회장은 긴 세월 동안 도피하다가 타의 반, 자의 반으로 귀국해서 재판을 받았는데, 현재 알려진 추징금은 25조 원 정도래. 자식들은 여전히 자산이 꽤 많다는 이야기가 있고……."

우리나라는 정치적·경제적 독재 국가를 뒤로하고 대의 민주주의◆와 절차 민주주의◆를 표방하는 사회로 나아가고 있다. 남자와 여자, 어른과 청소년, 가진 자와 못 가진 자 사이의 불평등이 과거에 비해서는 많이 해소되었다. 사회적 성공과 출세의 지름길인 학연, 혈연, 지연이 여전히 밑바탕에 깔려 있기는 해도, 시민들의 끊임없는 노력에 의해 이러한 권력이 차차 약화되고 있는 것은 사실이다.

21세기에는 지구상의 모든 나라들이 민주주의를 표방하고 있다. 영국을 비롯한 입헌군주 국가에서는 상징적으로 왕을 내세우고 있지만, 실질적으로 총리나 대통령이 정부의 수반을 맡고 대의 민주주의와 절차 민주주의를 성실히 이행한다. 한 국가의 권리가 입법부, 사법부, 행정부로 균형 있게 분배되어 국민의 뜻을 공정하게 대변하는 것이 대의 민주주의다. 그리고 선거 절차를 거쳐서 중요 권력 기관의 책임자들이 공정하게 선출되도록 권리를 행사하는 것이 절차 민주주의의 핵심이다. 그러나 시민 의식과 공동체 의식이 성숙하지 못한 사회나 국가에서는 집권자나 집권당이 말로만 대의 민주주의와 절차 민주주의를 외치고, 사실상 독재권을 행사한다. 따라서 그러한 곳에서는 국민들이 행복을 느끼지 못하고 억압과 착취 속에서 불행을 감내할 수밖에 없다.

우리나라도 선진국 수준의 민주주의에 도달하려면 아직 수많은 시행착오와 꾸준한 인내 및 자각이 절실히 필요하다. 대통령은 물론이고 국회의원이나 장관 등 고위 공직자들이 국가와 사회에 봉사하는 것을 지상 목표로 삼아야 하는데도, 여전히 많은 정치인이 그런 직책을 권력과 돈과 명예를 얻기 위한 자리로 착각하고 있다. 그러한 의식을 버리지 않는 한, 사회정의는 이루어질 수 없고 국민은 불행하다.

대의 및 절차 민주주의는 국민의 권리를 대변하는 입법부, 사법부, 행정부가 과연 공정하게, 국민의 권리에 걸맞은 권력을 행사하느냐에 따라 형식과 내용이 일치하게 된다. 소위 선진국에서는 대통령이나 총리가 수시로 국민들과 토론을 나누지만, 아직도 대부분의 국가에서는 대통령이나 총리가 절대 권력을 행사한다. 그러한 국가에서 선전해 대는 대의 민주주의나 절차 민주주의는 단지 구호에 지나지 않는다.

대의 민주주의와 절차 민주주의는 사회정의의 실현을 목표로 삼는 민주주의의 구체적인 제도다. 일반적으로 정의는 응보적 정의, 교정적 정의, 목적론적 정의, 분배적 정의로 구분된다. 어떤 사람이 죄를 범했을 때 죄의 대가를 치르게 하기 위해, 곧 범죄 행위에 대한 보복으로서 죄인에게 형벌을 내린다면 그때의 정의는 응보적 정의다. 죄인의 잘못을 고치기 위해서 죄인을 교도소에 수감하여 교정 교육 등을 시킨다면, 이는 교정적 정의다. 궁극적으로 인격을 되찾거나 신을 믿게 하기 위해 인간을 훈육시킨다면, 이는 목적론적 정의다. 그러나 대의 민주주의와 절차 민주주의는 분배적 정의와 직결되어 있다. 성숙한 민주 사회에서 정의는 사회 구성원 각자에게 모든 권리가 골고루 분배되는 것을 목표로 삼기 때문이다.

인간은 어디까지나 사회적 동물이다. 개인의 이기적이고 주관적인 쾌감도 물론 행복을 준다. 그러나 그것은 좁은 의미의 행복이다. 넓은 의미의 행복은 사회정의를 전제로 하는 개인의 쾌감이다. 그러므로 시민 의식과 공동체 의식을 도외시한 주관적인 쾌감에서 나아가 넓은 의미의 행복을 추구하려면 수많은 인내와 자각을 필요로 한다.

❶ 벤담이 주장한 공리주의의 특징은 무엇인가? 공리주의의 행복론은 왜 일상적인 행복에 가까운가?

❷ 이기주의와 개인주의의 차이를 구체적인 예와 함께 설명해 보자.

❸ 모든 사회는 이익 사회와 공동 사회의 측면을 동시에 가지고 있다. 두 사회를 이기주의와 이타주의에 연관시켜 설명해 보자.

❹ 대화와 토론과 의사소통의 차이를 말해 보자. 의사소통에 의해 열린 사회가 가능해지는 방법을 알아보자.

❺ 이데올로기란 무엇을 뜻하는가? 마르크스주의의 행복관을 알아보고 마르크스주의의 장점과 단점에 관해 토론해 보자.

❻ 여러 선진국에서 사회 정의를 실현하기 위해 대의 민주주의와 절차 민주주의를 어떻게 실행하고 있는지 이야기해 보자.

희망을 어떻게 만들 것인가

인간의 성숙한 홀로서기가 결여된다면 공정함으로서의 정의도 불가능하다. 청소년들이 홀로서기를 위해 인내하면서 자각할 때, 공정함으로서의 사회정의 실현에 스스로 참여하는 셈이다. 좌절과 실패와 시행착오는 젊음의 특권이다. 수없이 많은 좌절을 극복하고 무수한 실패를 딛고 시행착오를 거듭하다 보면, 삶의 행복이 무엇인지 깨달을 수 있다. 그렇기에 청소년은 우리 삶의 뿌리이자 싹이며 꽃이다.

쾌락의 감정과
선을 향한 마음

쾌락이 행복이라는 주장은 크게 두 가지 갈래로 나누어 볼 수 있다. 하나는 고대 그리스의 쾌락주의로, 견유학파와 퀴레네학파는 정신적 쾌락을 행복이라고 여겼다. 그런가 하면 19세기 영국의 벤담은 공리주의의 입장에서 쾌락은 행복이라고 주장했다. 벤담이 주장한 최대 다수의 최대 행복이 물질적·정신적 행복을 뜻함은 두말할 필요도 없다. 한편, 마르크스는 공리주의적 쾌락주의에 속하지만 물질적 쾌락을 행복으로 보았다.

그러나 아리스토텔레스나 칸트는 쾌락이 행복이라는 주장에 대해 고대 그리스나 벤담의 쾌락주의와는 다른 입장에 서 있다. 아리스토텔레스는 개인의 쾌락이나 행복보다는 오히려 사회적 복지나 안녕을 삶의 바람직한 형태로 보았다. 아리스토텔레스가 윤리적 이상 상태로 꼽는 에우다이모니아 역시 대개 행복으로 번역되지만, 개인의 행복보다는 사회적 복지 내지 안녕의 뜻을 지닌다.

칸트는 개인의 주관적인 윤리와 도덕의 준칙(準則)을 넘어서서 영원 불변하며 인간 보편에 내재하는 선의지의 도덕법칙에 따라 행동하는 것이 가장 바람직한 삶이라고 주장했다. 그렇다면 칸트 같은 철학자가 보기에 행복은 삶의 궁극적인 목표가 되지 못하며, 도덕법칙에 따라 행동하는 것이 목표가 된다. 다시 말해, 불쾌하고 불행할지라도 선의지에 따라 도덕법칙에 맞게 행동하는 것이 인간으로서 당연히 행할 일이고, 행할 수 있는 삶의 궁극적인 목표인 셈이다.

어떻게 보면 칸트의 선의지는 맹자의 성선설(性善說)과도 상당히 비슷하다. 인간의 마음은 순수하게 선한 네 가지 단서인 인(仁), 의(義), 예(禮), 지(知)와 선하기도 하고 악하기도 한 희(喜), 노(怒), 애(哀), 구(懼), 애(愛), 오(惡), 욕(欲) 등 일곱 가지 정(情)으로 이루어져 있다는 것이 사단칠정론(四端七情論)의 내용으로, 『예기』에서는 구 대신에 낙(樂)을 포함시켰다. 이러한 사단칠정론이 조선시대 퇴계와 율곡의 이기론(理氣論)으로 발전했다. 인간의 인성과 인정(仁情), 곧 천성을 따르는 인간의 마음과 인정이 이(理)와 기(氣)인데 둘 중에 무엇이 본래 우주 만물의 원천이며 우선하는지에 대한 논쟁이 장기전에 접어들었다. 결국에는 당쟁 싸움으로 번져서 몇 차례의 사화(士禍)*까지 치르며 반대파를 숙청하는 일까지 벌어졌던 것이다.

사화
조선 시대에 조정의 신하와 선비가 정치적 반대파에 몰려 참혹한 화를 입은 것을 일컫는 말로, 무오사화, 갑자사화, 기묘사화, 을사사화가 있었다.

퇴계를 따르는 영남학파와 율곡을 따르는 기호학파는 사단은 이에, 칠정은 기에 속한다는 데는 동의했지만, 퇴계학파는 주리설(主理設)을, 율곡학파는 주기설(主氣設)을 주장했다. 퇴계의 영남학파는 이가 먼저 움직이고 기는 이를 따라간다고 해서 이발이기수지(理發而氣隨之)라고 주장했고, 율곡의 기호학파는 기가 먼저 움직이고 이는 기가 움직이는 것을 따라간다고 해서 기발이이승지(氣發而理乘之)라고 주장했다. 이런 논쟁을 어떤 이들은 공리공담(空理空談)이라고도 했는데, 이는 우주 자연의 근원이 원리인 이인지, 에너지 내지 기운인 기인지 싸우는 것은 쓸모없는 논쟁이라는 뜻이다.

　기쁨이나 즐거움이 행복이라면 그것은 칠정에 속하므로, 선하기도 하고 악하기도 하다. 따라서 행복은 잘 다스려서 선하게 만들어야 할 마음의 상태다. 결국 성인이나 군자가 지녀야 할 마음의 태도는 인, 의, 예, 지 등 인간의 본성에서 우러나오는 네 가지 마음씨다. 인에서는 남을 가엾게 여기는 측은지심(惻隱之心)이, 의에서는 스스로 부끄러워하는 수오지심(羞惡之心)이, 예에서는 서로 양보하는 사양지심(辭讓之心)이, 지에서는 옳고 그름을 가리는 시비지심(是非之心)이 우러나온다. 그렇다면 유교의 성인군자가 도달하려 한 이상적인 정신 상태는 순수하게 선한 사단을 충분히 활용하는 것이어야 한다. 동시에 칠정을 잘 조절해서 칠정의 악한 면을 억제하고 선한 면을 발휘해야 할 것이다. 쾌락이 기쁨 내지 즐거움이라면, 유가 철학 내지 우리나라의 성리학이 추구하는 삶의 궁극적인 목적은 쾌락이 아니다. 물론 공자나 맹자 또는 퇴계나 율곡도 쾌락이 좁은 의미의 행복이라고 인정할 것이다.

　"맞아. 제아무리 성인군자라도 불쾌보다는 쾌락을 원할 거야. 그러나 공자나 맹자, 퇴계나 율곡은 독일 철학자 칸트와 마찬가지로 좁은 의미의 행복인 쾌락보다는 인간이 마땅히 행하고 추구하여야 할 당위(當爲), 곧 큰 행복을 삶의 궁극적인 목표로 여긴 것이 확실해."

　"나도 똑같은 생각이야. 예컨대 소크라테스의 죽음을 생각해 보자고. 물론 소크라테스는 독을 마시고 죽을 때까지 겪은 엄청난 고통 때문에 불쾌했겠지. 어떤 사람은 사형선고를 받아서 독을 마시고 죽은 소크라테스를 불행하다고 말하겠지만, 독을 마시는 소크라테스의 마음가짐은 그 어느 누구보다도 당당했고 담담했어. 그렇다면 소크라테스의 행복은 큰 의미의 행복이 아닐까? 예수가 십자가에 못 박혀 죽을 때는 어땠어? 처음에는 너무 고통스러워서 '아버지, 왜 나를 이렇게 버리시나이까?'라며 원망했지만 마지막 순간에는 '뜻대로 하소서'라며 담담하게 받아들였어. 그때 예수는 불행했던 것이 아니고 큰 의미의 행복을 느꼈던 거야."

맛있는 것을 배불리 먹고 마시고 비싼 옷을 입고 좋은 집에서 살면서 사회에 기부도 하고 선행을 많이 베풀수 있다면 쾌감을 느끼며 행복할 것이다. 그러나 헤아릴 수 없는 번뇌와 고민에 시달리면서도 온갖 고통을 감내하며 개인적으로나 사회적으로 인간으로서 당연히 해야 할 일을 해낸다면 더욱 커다란 의미의 행복을 느끼게 된다.

일상을 넘어
진정한 행복을 찾다

　　　　　왜 사는가? 어떤 사람은 매일매일 그냥 살아
갈 뿐이라고도 하지만, 대개는 행복하기 위해서다. 그렇다면 행복은 무
엇인가? 살아가면서 겪는 기쁘고 만족한 상태를 말한다. 그러나 기쁘
고 만족한 상태는 얼마 지속되지 못하고 곧 불쾌하고 불만스러운 상태
로 변하지 않는가? 그렇다면 행복이란 순간적인 것이고, 따라서 인간
은 잠시 행복하다가 금방 불행해지곤 한다.

　일상생활의 특징은 일상성이고, 일상성은 곧 '지나침'이다. 자기반성,
자기비판 및 자기 각성을 떠나서 습관적으로 흘러가는 지나침이 바로
일상성이라는 말이다. 마르크스가 말한 행복은 깊은 자기반성이 결여
된 지극히 일상적 의미의 행복이다. 일상적 행복을 좀 더 구체적으로

말하자면 배고픔, 목마름, 성적 충동 등의 본능적 욕망과 함께 사회적·문화적 욕망을 충족시키는 것이다.

"내가 왜 한 달에 한두 번은 꼭 영화관에 가느냐고? 전에는 가까운 교외에 나가서 맛있는 음식을 먹으면 그것만으로도 마냥 행복했어. 지금도 물론 맛있는 음식이나 독특한 음식을 먹으면 행복해. 그래도 문화적 욕망도 충족시켜야 하지 않겠어? 음악회는 좀 비싸니까 1년에 두 번 정도 들으러 가지. 훌륭한 영화를 보고 나서, 그리고 마음에 드는 음악회에 참석하고 나서 내가 느끼는 행복감은 음식 먹을 때와는 또 다른 종류의 것이야."

"사람마다 느끼는 쾌감이 다르고, 행복감도 다르게 마련이야. 달콤한 아이스크림이나 갈비를 실컷 먹고 더없이 행복하다고 말하는 사람이 있는가 하면 보리밥에 된장찌개를 비벼 먹으면서, 옛날에는 비록 가난하고 못 먹기는 했지만 가족이 화목하고 행복했다고 떠올리는 사람도 있어. 또 청소년들은 현재와 미래에서 행복을 찾지만, 노인들은 지나간 날들을 모두 행복했던 것으로 기억하기도 하지."

이렇듯 일상적인 행복은 쾌감을 기초로 하는 긍정적인 정서다. 그래서 맛있는 것을 먹고 마시거나, 연인과 함께 있을 때 쾌감을 느끼면서 행복해한다. 그러나 일상적인 행복은 오래 지속되지 않는다. 일상적 행복은 개인의 주관적이자 이기적인 쾌감을 기초로 하기 때문인데, 이러한 쾌감은 얼마 가지 않아서 불쾌감으로 변한다. 그러므로 아리스토텔레스는 개인적·주관적 쾌감으로서의 행복을 지양하고, 사회적 복지 내지 안녕으로서의 행복을 추구해야 한다고 주장했다. 어떻게 보면 이론적·실천적 삶의 폭이 넓고 깊이가 깊을수록 행복도 질적으로 달라진다는 생각이 든다.

사탕이 먹고 싶어서 우는 어린아이에게 사탕을 주면 아이는 울음을 뚝 그치고 행복한 얼굴로 사탕을 빨기에 바쁘다. 이렇듯, 인간의 욕망은 어린 나이에는 비교적 단순한 형태로 나타난다. 그러나 나이가 들수록 욕망은 매우 복잡하게 진행된다. 초등학생이나 중학생이 되면 좋은 성적과 선생님의 칭찬, 동료로부터의 사랑과 존중을 얻으려고 한다. 청소년들은 먹고 마시는 본능적 욕망과 함께 성적 충동이라는 본능적 욕망을 충족시키지 못해서 번민한다.

청소년들은 육체적으로 성숙했더라도 성관계를 맺거나 임신·출산할 만한 준비가 충분히 되어 있지 않다. 즉, 청소년기는 다음 세대를 출산하고 양육할 수 있는 준비를 하면서, 성인이 되기 위해 훈련하고 학습하는 기간이다. 만일 이를 게을리 한다면 엄청난 대가를 치르지 않으면 안 된다. 이 시기에 스스로를 잘 다듬어서 홀로서기에 성공하지 못하면 성인이 되어서 쭉정이 같은 인생을 살게 될지도 모른다. 권력이나 돈, 명예를 마음껏 누리는 유명한 사람이 된다고 해서 행복해지는 것은 아니기 때문이다.

불쾌감을 느끼면 불행하고 쾌감을 느끼면 행복하다는 식으로 나누는 이분법은 지나치게 형식적이다. 테레사 수녀가 빈민굴에서 한센병 환자들을 도울 때, 미켈란젤로*가 시스티나 성당*의 벽화를 그릴 때,

그들은 장기간 정신적으로나 육체적으로 고통스럽고 불쾌하기도 했을 것이다. 그렇다고 해서 그동안 그들의 영혼이 불행했다고 말할 수 있을까?

매일의 상황에 지치고 가난에 찌들어서 부부나 부모와 자식들이 만나기만 하면 언성을 높이고 서로를 탓하며 불행하다고 싸우는 가족이 있는가 하면, 몸은 병들고 돈은 없어도 서로를 다독이고 감싸면서 매 순간의 행복에 감사하는 가족도 있다. 이렇게 보면 돈과 명예, 권력 때문에 행복하거나 불행한 것만은 아닌 것 같다.

과연 행복이란 무엇일까? 아무리 쫓아가도 잡힐 듯 잡히지 않는 파랑새와 같은 것일까? 아니면 내 마음은 이미 행복한데, 등잔 밑이 어두운 것처럼 까마득하게 잊어버리고 엉뚱한 곳만 찾아 헤매는 것일까?

미켈란젤로(1475~1564)
이탈리아의 화가이자 조각가이고, 건축가, 시인으로도 활동한 르네상스 시대의 예술가이다. 작품에 조각 〈다비드〉, 〈모세〉, 〈최후의 심판〉 등이 있으며, 건축가로서 산 피에트로 대성당의 설계를 맡았고 많은 시를 남기기도 했다.

시스티나 성당
바티칸 시국에 있는 교황의 개인적인 성당이자 새로운 교황을 선출하는 장소이다. 〈천지 창조〉, 〈신과 인류의 관계〉, 〈신의 은총을 잃은 인류〉 등 미켈란젤로가 그린 천장의 프레스코화로 특히 유명하다.

이성적으로 사유하고
실천적으로 행동하는
삶의 균형

　　　　　아리스토텔레스는 마케도니아 왕의 주치의
인 니코마코스의 아들로, 그리스 북부에 있는 칼키디케 반도의 스타게
이로스 출신이었다. 18세에 아테네로 와서 20년간 플라톤의 제자로 있
다가, 플라톤이 죽자 소아시아의 영주 헤르메이아스를 찾아갔다. 헤르
메이아스의 친척인 피시아스와 결혼했으나 곧 헤어진 후 레스보스 섬
의 미틸레네에 체류했고, 필립포스 왕의 초청으로 황태자 알렉산드로
스의 스승이 되었다. 아리스토텔레스는 기원전 355년에 아테네의 리케
이온에 학교를 세우고 12년간 제자들을 가르쳤는데, 산책하면서 가르
쳤다 하여 소요학파라 부른다. 그는 400여 권의 방대한 저술을 남겼으
나, 그중 일부만 전해진다. 알렉산드로스 대왕이 죽은 후 무신론자로

고소당하자 칼키스로 도피했으며, 이듬해 위장병으로 사망했다.

아리스토텔레스는 최고선의 상태를 행복이라고 하면서, 최고선에 도달하는 방법이 중용(中庸, mesotes)이라고 주장했다. 사서삼경(四書三經)*에 속하는 『중용』의 내용과 아리스토텔레스가 『니코마코스 윤리학』에서 말하는 중용은 같은 뜻이다. 『중용』에 '극고명이도중용(極高明而道中庸)'이라는 글귀가 나오는데, 이는 '높고 밝음을 구명하되 중용으로 인도하다'라는 뜻으로 이상을 추구하되 현실을 알고 균형 있게 실천할 것을 권하는 말이다. 즉, 삶의 궁극적 목표인 행복은 중용에 의해서만 도달할 수 있다는 의미이다.

사서삼경
유가의 기본 경전인 일곱 권의 책을 말한다. 『논어』, 『맹자』, 『중용』, 『대학』의 네 경전인 사서와 『시경』, 『서경』, 『주역』 등 세 경전인 삼경을 아울러 이른다.

플라토닉 러브
관능적·육체적 사랑이 아닌 순수한 정신적 사랑으로, 이상주의적이며 관념론적인 사랑을 말한다.

"플라톤은 눈앞의 나무는 '나무'라는 영원불변한 이데아, 곧 정신적 존재로서의 '나무'라는 관념의 그림자나 모사물이어서 언제든지 변하고 없어질 수 있다고 보았어. 말하자면 사랑 역시 영원불변하는 '사랑'이라는 정신적 관념이 먼저 있고, 그것을 본떠서 남녀 간의 사랑이 존재한다는 말이지. 플라톤에 따르면, 남녀 간의 사랑은 두 가지야. 하나는 현실적인 사랑으로 수시로 변하고 없어질 수 있어. 또 하나는 소위 플라토닉 러브*인데 이 사랑은 사랑 그 자체로서 영원불변하는 것이야."

"아리스토텔레스는 스승인 플라톤이 죽고 몇 년간 자기 성찰과 탐구의 시간을 거친 후 스승의 이상주의와 관념론을 과감히 비판하고 나섰

어. 선과 악처럼 관념적인 문제에 있어서도 아리스토텔레스는 현실적인 것을 중요하게 생각해. 그래서 플라토닉 러브 같은 영원불변하는 정신적 관념은 있을 수 없고, 현실적인 것만 참다울 수 있다고 스승을 비판했어. 비판 정신을 강조하는 서구 전통은 스승 앞에서도 가차 없는 거지."

아리스토텔레스는 선의 이데아가 행복이라는 스승 플라톤의 이론에도 반대했다. 어떤 일을 훌륭하게 하는 것도, 남에게 자비를 베푸는 것도, 끈기 있게 일하는 것도 선인데, 오직 단 하나의 선만 있다는 주장은 불합리하다는 것이다. 그의 스승인 플라톤이 영원불변하는 정신적인 선의 이데아를 주장한 반면, 아리스토텔레스가 생각하기에 선은 초월적인 것이 아니며, 오히려 현실적인 것이었다. 설령 선의 이데아가 있다고 해도 인간의 현실 생활과는 전혀 무관하므로 쓸모없다는 것이 그의 주장이었다.

아리스토텔레스는 행복할 수 있는 덕의 기초는 욕구 능력이라고 주장했다. 욕구 능력으로부터 인간의 행동이 비롯된다고 생각했기 때문이다. 『니코마코스 윤리학』의 첫 구절은 다음과 같다. "모든 기술과 탐구 그리고 모든 실천적 추구는 어떤 선을 목적으로 삼는 것으로 보인다. 그러므로 모든 것이 선을 목적으로 삼았다는 사실에 동의해도 좋을 것이다." 이때 목적은 자기 목적성으로서의 '궁극성'과 자족성으로서의 '완전성'이었다. 아리스토텔레스에게 행위의 궁극성과 완전성은 최고선이며, 최고선의 상태는 바로 행복이었다.

그러나 아리스토텔레스는 일상인의 행복을 출발점으로 삼을 뿐, 궁극적으로는 이를 지양한다. 일상생활에서 사람들은 쾌락, 명예, 덕, 재물 등을 행복과 똑같이 여기지만, 아리스토텔레스는 이와 같은 일상적 행복은 참다운 행복일 수 없다고 주장한다. 쾌락만 해도 금방 불쾌함으로 변할 수 있고 순간적이어서 삶의 궁극적인 목적은 될 수 없다는 것이다. 명예 역시 어느 순간에 불명예로 변할지 모르는 가변성 때문에 결코 행복이 될 수 없다.

그렇다면 지혜, 용기, 관용, 절제 등과 같은 덕은 행복일까? 아리스토텔레스는 아니라고 말한다. 사람들은 덕을 지니고 있어도 제대로 발휘해 보지도 못하고 내면에만 간직하는 경우가 많다. 그러니까 제때, 적절한 장소에서 알맞은 덕을 풀어내기가 여간 힘들지 않다. 따라서 수많은 덕스러운 사람들이 불행한 일생을 보낼 수밖에 없다. 또한 일생동안 타인을 위해 희생하고 봉사하고도 정작 본인은 병마에 시달리다가 비참하게 죽는 사람들도 있는데, 이런 사람들의 삶 역시 불행하다. 그렇다고 해서 돈이 삶의 궁극적인 목적일 수도 없다. 돈은 어디까지나 수단에 지나지 않기 때문이다. 가난하다가 복권에 당첨되어 갑자기 부자가 되었다고 해서 머리가 좋아지는 것도 아니고, 인격이 고매해지는 것도 아니다.

결국 아리스토텔레스는 이성적으로 사유하고 실천적으로 행동하는 덕스러운 삶의 상태를 행복이라고 정의했다. 우선 이성적으로 사유하는 것은 이론적 덕인데, 이론적 덕은 행복의 기초다. 이 기초 위에서 중용의 덕을 실천하는 것이 실천적 덕으로 지혜, 용기, 절제, 긍지 등이 이에 속한다. 이러한 덕이 중용의 덕으로 실천될 때 인간과 사회는 복지 내지 안녕을 누릴 수 있다. 예컨대 용기의 중용은 전진할 때 전진하고 후퇴할 때 후퇴하는 것이다. 또한 절제의 중용은 무조건 아끼는 것이 아니라 아껴야 할 때 아끼고 써야 할 때 쓰는 것을 말한다.

그러므로 중용은 산술적 중간이 아니라 가치론적 절정이다. 유학에서 말하는 중용 역시 적절한 시간과 장소에 걸맞은 행동을 하는 것을 말한다. 중용은 개인적·사회적 복지와 안녕을 위한 필연적인 행동의 방침이다. 따라서 중용을 지킬 줄 모르면 삶은 무질서와 불행에 빠지게 된다.

분배적 정의,
더 많은 사람을 위한
더 큰 희망

우리의 청소년들은 왜 불행한가? 희망
이 없기 때문이다. 현재 상태가 아무리 열악하고 몸과 마음이 병들어
있어서 고뇌와 고통 속에서 신음하더라도, 머지않아 건강을 되찾고 새
처럼 자유롭게 날 수 있다는 미래의 희망이 있다면, 지금 이 순간을 헤
쳐 나갈 수 있을 것이다.

"저는 가출해서 친구들과 생활하면서 가게에서 물건을 훔쳐서 재판
을 받고 6개월간 소년원 생활을 했어요. 소년원에서 나왔는데, 왜 또
절도죄를 저질렀느냐고요? 소년원에서 나와서 반지하 월세인 집으로
찾아갔어요. 방 두 칸짜리 집은 그대로였고 내 방도 옛날 그대로 어지

러운 채였지요. 아버지는 여전히 공사판에 나갔다가 늦게 귀가해서 소주만 찾고 새엄마와 다투었어요. 두 분께 제발 다투지 말라고 하면, 아버지는 나더러 소년원으로 돌아가서 다시는 집에 오지 말라고 소리를 질렀어요. 아버지 자격도 없으니까 자신은 잊어버리고, 소년원에 가든지 어디를 가든지, 부모와 같은 사람이 되지 말고 제발 성공하고 출세하라고 말했어요.

새엄마는 이런 집구석인 줄 알았다면 같이 살 생각도 하지 않았을 거라고 했어요. 애비는 술주정뱅이에다 자식은 소년원에나 들락거리고 친엄마는 말 한 마디 없이 도망가 버린 콩가루 집안에 들어온 자기 팔자가 원망스럽다고 서럽게 울기만 했어요. 하루 이틀도 아니고, 지옥 같았어요. 그래서 다시 가출했고, 친구들과 먹고 놀기 위해서는 뭐라도 훔칠 수밖에 없었어요."

불우한 처지에 놓인 청소년들에게는 무엇보다 사회 각 기관의 도움이 절실히 필요하다. 청소년이나 성인 들이 절도나 강도, 성폭행, 살인 등의 죄를 저지르면 신문과 텔레비전, 라디오 등 언론 매체에서 크게 보도한다. 우리나라에서는 범인을 재판할 때 응보적 정의와 교정적 정의를 동시에 적용하는 것 같다. 우선 악행을 범했으니 그에 상응하는 대가를 당연히 치르게 하면서도, 다시는 악행을 범하지 말고 정상적으로 사회생활을 하게끔 교도소에 수감하여 행동을 교정하기 때문이다. 물론 죄인을 재판하는 법 정신에는 선한 사회적 인간이 되라는 목적론적 정의도 전제되어 있다. 그러나 죄인에 대한 분배적 정의의 정신은 찾아보기 힘들다. 청소년들이 절망에 잠겨서 암울한 나날을 보내면서 불행을 곱씹을 수밖에 없는 것도 역시 분배적 정의가 결여되어 있기 때문이다.

청소년이나 성인이 죄를 범했을 때, 이를 바라보는 사람들은 스스로 깨끗하다고 믿으며 악행을 저지른 범인을 심판하는 입장에 선다. 예수가 간음죄를 범한 여인에게 돌팔매질하는 사람들을 향해 "너희 중 죄 없는 자가 먼저 돌로 치라!"라고 말했더니 사람들은 슬그머니 자리를 뜬 것처럼, 완벽하게 죄가 없는 사람은 없다.

분배적 정의는 시민 의식 및 공동체 의식의 열매다. 범죄자에 대한 분배적 정의는 책임 의식을 동반하는 권리를 깨닫게 해 준다. 어떤 사람이 범죄를 저질렀을 때, 그 행위에 가장 먼저 책임을 져야 할 사람은 행위 당사자다. 아리스토텔레스 역시 모르고 저지른 행동과 고의로 범한 행동은 구분해야 한다고 말했다. 정상적인 의식 없이 행한 행동은 모르고 한 행동이지만, 정상적인 의식을 가지고 있으면서도 악행을 범했다면 고의적인 것이므로 책임지고 처벌을 받아야 한다.

범죄 행위를 재판할 때 정상참작을 해 주는 경우가 있다. 예컨대 소년 가장이 동생들과 할머니를 보살피며 생계를 이어 가다가 끼니조차 때우기 힘들어서 구멍가게에서 라면을 훔쳤다고 하자. 이런 경우, 정상참작으로 훈방될 수 있다. 또 심한 정신 질환을 앓는 사람이 제정신이 아닌 상태에서 강도 짓을 하거나 상해죄를 범했다면, 정신과 의사의 진단에 의해 교도소에 수감되는 대신 정신병원에 입원시켜서 치료를 받게 할 수 있다.

요즘에는 청소년의 비행과, 노인들의 빈곤 및 자살 등에 대해 여러 가지 대비책을 마련하고 정부 및 지방 자치 단체에서 노력을 기울이고 있지만, 선진국에 비하면 이들에 대한 관심과 지원 제도 및 시설 수준은 여전히 열악하다.

어른들과 사회는 청소년에게 그들의 미래가 활짝 열려 있다는 확신을 줄 수 있어야 한다. 청소년들이 행복해지는 첫걸음은 희망이다. 희망이야말로 행복이다. 희망 없는 삶은 절망이며 죽음이나 마찬가지다. 실존주의 철학자 키르케고르가 절망을 가리켜서 '죽음에 이르는 병'이라고 했듯이, 죽음은 무의미이자 무가치이고 극단적인 불행이다. 지금 수많은 청소년들이 암울한 절망의 언저리에서 불행의 쓴맛을 보고 있다. 희망이 보이지 않기 때문이다. 희망이 어디에 있는지 깨닫는다면 어른들은 물론이고 청소년들도 현재의 삶을 성실하게 살아갈 수 있을 것이다.

마테를링크*의 『파랑새』를 읽다 보면 희망이 어디 있는지, 행복이 무엇인지 다시금 깨닫게 된다. 크리스마스이브에 잠이 든 틸틸과 미틸 남매는 꿈속에서 만난 요술쟁이 할머니에게서 아픈 딸을 구하려면 파랑새가 필요하니 꼭 찾아 달라는 부탁을 들었다. 미틸이 오빠에게 푸른색 산비둘기가 있다고 말했지만, 할머니는 콧방귀만 뀌었다. 그래서 틸틸과 미틸 남매는 요술쟁이 할머니의 집, 추억의 나라, 밤의 궁전, 숲, 달밤의 묘지, 행복의 꽃밭, 미래의 나라, 슬픈 이별, 신기한 아침 등을 돌아다니며 파랑새를 찾았으나 모

마테를링크
(1862~1949)
벨기에의 극작가이자 죽음과 운명을 주제로 하는 상징파 시인이다. 1911년에 노벨 문학상을 받았으며, 작품에 『파랑새』, 『펠레아스와 멜리장드』 등이 있다.

두 헛수고였다. 다음 날 아침에 잠에서 깨었을 때 옆집에 사는 베를랭고 할머니가 찾아와서는, 할머니의 아픈 딸이 전부터 틸틸의 파란색 산비둘기를 갖고 싶어 했는데 새를 주면 병이 나으리라고 말했다. 할머니는 새를 가지고 돌아갔고, 얼마 지나지 않아 할머니가 새를 보고 건강해진 딸과 함께 틸틸과 미틸을 찾아왔다. 틸틸이 할머니의 딸에게 새 모이 주는 방법을 가르쳐 주려 하다가, 새가 창문 밖으로 날아가 버리고 말았다. 희망도, 행복도, 결국 파랑새처럼 쉽게 사라진다는 뜻인지도 모른다. 틸틸은 할머니의 딸에게 다시 파랑새를 잡아 주겠다고 약속한다. 그렇다면 희망이나 행복은 가졌다가 잃어버렸다가 하는 것일까? 메테를링크는 『파랑새』의 마지막을 다음처럼 장식한다.

"행복의 파랑새는 어디로 간 걸까? 언제쯤이면 돌아올까? 여러분, 혹시 파랑새를 잡으면 틸틸에게 돌려주세요. 틸틸과 주위 사람들이 행복하게 살려면 그 파랑새가 꼭 필요하니까요."

조금만 깊이 생각한다면 희망이나 행복은 결코 파랑새처럼 외부에 있는 것이 아니라는 사실을 알 수 있다. 파랑새는 새장 안에 있을 수도 있고, 틸틸의 산비둘기처럼 새장 문을 열면 언제든지 날아가 버릴 수도 있다. 그러면 희망은 어디에 있고, 희망이란 과연 무엇인가? 『파랑새』에서 이야기하는 희망은 날아가 버린 산비둘기가 아니라 산비둘기를 찾는 틸틸과 미틸의 마음이다. 살아서 움직이는 나의 마음이 바로 희망인 것이다.

그렇다면 청소년에게는 홀로서기가 희망이다. 창조 정신과 비판 정신 역시 희망이다. 자기반성 역시 희망이다. 성숙한 시민 의식과 공동체 의식 역시 희망이다. 희망은 행복의 씨앗이므로 희망이 없는 곳에 행복이라는 열매가 존재할 수 없다. 끈기 있게 참고 도전하며 성실하게 노력하는 삶의 자세를 지녀야 청소년들은 자신의 마음속에 있는 희망을 야무지게 가다듬을 수 있다.

절망의 딱딱한 껍질을 깨고 사방을 둘러보면 수많은 사람이 과감히 희망의 씨앗을 뿌리고 행복의 열매를 거두는 것을 쉽사리 발견할 수 있다. 매사에 긍정적인 마음으로 혼자서 나아갈 수 있다는 자신감을 가지고 한 걸음 한 걸음 걸어가 보자. 옹골찬 희망이 나와 우리를 아우르는 행복의 열매를 선사할 것이다.

다차원의 세계,
현대 문명의 새 길을 찾다

　　　　　　　　현대 문명 속에서 인간
은 행복한가, 불행한가? 니체와 키르케고르를 비롯
해서 야스퍼스*, 사르트르*, 하이데거 등이 한결같이
인간성 상실, 소외, 허무주의, 퇴폐주의 등의 개념을
나열한 이유는 무엇일까? 마르쿠제는 현대인과 현대
사회를 가리켜 일차원적 인간, 일차원적 사회라고 불
렀으며, 프랑스의 사회학자 장 보드리야르는 현대사
회의 특징을 '죽음'이라고 정의했다.

　　현대사회에서 인간마저 계량화되었다고 지적한 하
이데거의 말은 역사와 문화의 방향이 창조적 생명으

야스퍼스(1883~1969)
독일의 철학자로, 『철학』을
펴내며 실존철학을 체계적
으로 전개했다. 서구 사회
가 제기하는 기계문명과
대중사회, 특히 제1차 세계
대전 후의 가치 전환적인
사상적 위기를 깊이 성찰
했다.

사르트르(1905~1980)
프랑스의 작가이자 사상가.
철학 논문 「존재와 무」는
무신론적 실존주의의 입장
에서 전개한 존재론으로,
제2차 세계대전 전후의 시
대사조를 대표한다.

로부터 기계적 죽음으로 전개되어 왔다는 뜻이다. 역사의 전개 과정을 해석하는 역사철학적 입장은 다음의 네 가지로 나눌 수 있다. 발전 사관은 일반적인 종교와 철학, 일상인의 역사관을 가리키는데, 역사는 불완전성과 상대성으로부터 완전성과 절대성으로 발전한다는 관점이다. 순환 사관은 토인비*가 대변한 것으로, 역사는 흥망을 반복한다는 견해다. 몰락 사관은 슈펭글러*가 대변한 것으로, 역사는 결국 몰락한다는 견해다. 혼돈 사관은 쇼펜하우어가 대변한 역사관으로, 삶의 의지는 맹목적이므로 역사의 전개 과정은 어쩔 수 없이 혼돈에 지나지 않는다는 견해다.

많은 현대 사상가들은 현대 문명을 몰락 사관의 입장에서 바라보며 황금만능주의, 기계 및 물질 만능주의가 인간을 지배하는 일차원적 사회라고 말한다. 물론 문명의 발달과 함께 인간의 삶이 편해졌으며 안락한 생활을 누리는 것도 사실이다. 교통의 발달, 신속한 정보 교환, 풍부한 식량 생산, 편리한 주거 환경, 최대한의 본능적 욕망 충족 등을 가리켜 과거의 어느 시기보다도 인간이 행복한 시대라고도 한다. 과연 그러할까?

여유와 느림이 있어야 삶의 의미와 가치를 음미할 수 있는데, 현대사회에서는 이런 가치를 어디에서도 찾아볼 수 없다. 지금의 사회에서 인간은 자동 벨트를 타고 지나가는 공산품처럼 사회의 기계적 흐름에 휩쓸려 가는 수밖에 없다. 니체 같은 철학자가 허무주의니, 퇴폐주의를 외쳐 댄 데는 이유가 있다. 하이데거가 인간을 가리켜서 계량화 대상이라고 했을 때, 인간이 이미 기계 부속품에 지나지 않는다는 사실을 지적한 것이다. 현대사회는 창조적 비판 정신을 갖춘 자발적 주체로서의 인간을 필요로 하는 것이 아니고 생산성을 높일 수 있는 효율적 인간을 요구할 뿐이다.

물론 요즘 사회적으로 인문학에 대한 요구가 커지면서 사회 곳곳에서 문학, 역사학, 철학 등의 강연이 활발하게 행해지고 있다. 그러나 속을 들여다보면 정보 기술이나 경영학만 가르치거나 배우면 지나치게 삭막하다는 기분이 들어서 맛보기로 인문학 강좌를 가끔 끼워 넣는 데 지나지 않는다. 게다가 최단 시간에 최대한으로 인간의 욕망을 충족시키며, 과거 어느 때와도 비교할 수 없을 정도로 세력을 키워 가고 있는 황금만능주의, 기계 및 물질 만능주의 문명 아래서 이러한 맛보기 인문학은 사회 구성원을 구속하는 또 다른 조건으로만 기능한다.

유치원부터 대학원에 이르기까지 모든 교육은 실용성과 효용성에만 목표를 맞추고 있다. 하다못해 태교를 한다며 틈만 나면 영어 회화 테이프를 듣는 임산부들도 있다. 일부 초등학생과 대학생은 미국, 호주, 필리핀 등에서 어학연수를 한다. 우리 사회의 교육, 도덕, 학문, 예술, 종교 등 문화와 문명의 모든 틀이 사회적 성공과 출세에 맞춰져 있다. 개인의 사회적 성공과 출세만 지향하는 이러한 주관적 의식은 성숙한 시민 의식 및 공동체 의식과는 거리가 멀다.

열린사회를 가능케 하는 성숙한 시민 의식과 공동체 의식이 실현되려면 지금과는 다른 실마리가 필요하다. 가장 쉬운 방법은 사회의 엘리트들, 곧 사회 지도층에 있는 사람들이 과감히 일어나는 것이다. 수많은 사회문제에 대해 자유롭게 토론하며 의사소통할 수 있는 각종 모임을 만들어서 지속적으로 운영한다면, 청소년들의 희망과 행복을 약속하는 대책을 마련할 수 있을 것이다. 민주주의는 하루아침에 이루어지지 않는다. 고인 물이 썩듯이, 시행착오도 없고 심원한 사고와 실천과 도전도 없는 사회야말로 부패한다.

"이렇게 그냥 내버려 두었다가는 정말 인류 대재앙의 날이 올 거야. 우리들은 문명 발달의 긍정적 측면만 보지 말고 부정적 측면도 보아야 해. 만일 문명 발달의 방향을 다른 곳으로 돌리거나 발달의 속도를 늦추지 못하고 지금과 같은 상태에 만족해서 수수방관한다면 인류는 머지않아 멸종할 거야. 어떤 사람은 이렇게 말했어. '인류는 자신이 초래한 문명 발달의 결과로 인해서 자연이 허락한 생존 기간보다 훨씬 더 빨리 자신의 생명을 죽음으로 몰아넣을 것이 너무나도 분명하다.'"

"맞아, 우선 고대로부터 현재까지 일어난 수많은 전쟁을 생각해 보자고. 특히 제2차 세계대전은 상상을 초월해. 그때 4,500만의 인명이 살상됐어. 그런 면에서 독일과 일본은 인류 역사가 끝날 때까지 용서받을 수 없을 거야. 물론 넓게 보면 인간 자체의 내면에 잔인성이 있는 것이고, 참혹한 살상의 책임은 인류 모두가 함께 져야겠지. 그렇다면 인류 평화를 외치면서도 전쟁 국가에 무기를 판매하는 선진국들을 어떻게 바라봐야 할까?"

　장 보드리야르는 복사와 생산과 코드(부호)라는, 사회를 지배하는 도식이 있다고 했다. 고대와 중세에는 자연물을 복사 내지 복제했고, 근대에는 기계에 의해 상품을 생산했다. 그러나 현대는 코드와 기호가 사회를 지배한다. 더 이상 인간성은 찾아볼 수 없고, 차가운 죽음(부호로서의 시뮬라시옹)이 지배한다. 그러니 그의 주장에 따르면 현대사회는 갈 데까지 간 셈이다. 보드리야르는 죽어 버린 사회를 모조리 파괴함으로써 실낱같은 희망과 행복을 찾아볼 수 있다고 주장했다.

　지금 이 순간, 바로 이곳에서, 청소년들이 바람직한 인간상과 미래 지향적인 사회, 일차원적인 문명 발달에 관해 대화하고 토론하고 의사소통할 수 있어야 한다. 여전히 참고서에 머리를 박고 대학 진학에 쪼들린다면, 청소년의 미래는 물론이고 나라의 미래도 기대할 수 없다. 무엇을 할 것인가, 사회와 함께 어떤 일을 할 것인가를 스스로에게 질문하면서 눈을 똑바로 뜨고 먼 미래를 바라볼 때 문명은 긍정적인 방향으로 물길을 바꿀 수 있을 것이다.

공정한 사회와
행복한 홀로서기

사회가 가난하고 비참하면 그 안에 사는 개인은 불행할 수밖에 없다. 이라크, 아프가니스탄, 시리아 등 장기간 내전으로 고통을 겪는 국가에서 과연 개인들이 행복할 수 있을까?

우리나라의 청소년들이 OECD 34개국 중 가장 불행하다고 하는 것은 경제적인 이유만은 아니다. 경제적으로는 과거보다 잘산다지만 여전히 먹고 입는 것에 쪼들리는 중산층 이하의 가정이 많은 것도 사실이다. 부모가 바쁘고 힘들게 맞벌이를 하다 보니 가정에서 따뜻함을 찾을 수 없고, 청소년들은 대화 상대가 아쉽다. 그리고 부모와의 의사소통을 기다리다가 지쳐서 결국 샛길로 빗나가기 쉽다.

게다가 대학 진학이 청소년들의 마음을 짓누른다. 대학에 입학하기도 전에 대학 등록금이 얼마나 비싼지 절감하게 되고, 대학에 들어가 공부한다고 해도 내용이 부실한 곳이 많다. 대학을 졸업해도 취직은 하늘의 별 따기이고, 사회에 나가도 부모님의 도움이나 은행 대출에 의지해서 결혼하고 아이를 키워야 한다. 40대 중반에는 회사를 그만두어야 하고, 여기저기 자리를 옮기면서 연명하다가 결국 50대 중반에는 퇴직해야 한다. 이런 상황을 보면 청소년들은 "이런 인생은 너무 의미 없지 않아? 도대체 사회정의란 무엇이고, 행복한 삶이란 어디에 있는 거야?"라고 고민하고 분노하게 된다.

황금만능주의 사회는 극단에 치달은 자본주의 정신만 더 들쑤신다. 돈 놓고 돈 먹는 식의 한탕주의가 사람들의 마음을 좀먹는다. 1970~80년대에 복부인과 한탕주의라는 말이 유행했는데, 돈 있는 부인들이 땅과 집을 싼값에 사서 비싸게 팔아 더 큰 돈을 벌었기 때문이다. 재수가 좋으면 금방 큰돈을 만질 수 있었으니, 애써서 땀 흘리고 노력하지 않고도 부자가 된 사람들을 일컬어 졸부라고 불렀다. 강남이니 신도시니 수도권 개발에 대한 정보를 미리 입수한 돈 있고 힘 있는 사람들은 땅을 사고팔아 엄청난 시세 차익을 얻었고 더 큰 땅 부자가 되었다.

강남의 일류 입시 학원은 문전성시를 이루고, 어떤 학원 강사는 스타 강사니 족집게 강사니 해서 억대 연봉을 받는다고 한다. 일류 대학에 진학하려면 강남의 어떤 고등학교와 학원에 다녀야 하는지 이미 정해져 있다는 말도 있다. 그러나 사회가 안정되고 청소년들의 앞날이 밝으려면 교육이 제대로 서야 한다. 국·공립학교는 그렇지 않은 듯 보이지만, 사립학교는 유치원부터 대학교까지 공정하게 운영되는 곳이 많지 않다는 뉴스가 종종 보도된다. 인간 교육의 요람인 교육기관이 비정상적으로 운영되니 그곳에서 교육받는 청소년들의 미래 역시 매우 걱정스럽다. 과거에 비하면 교육 환경이나 분위기가 많이 개선되어서, 치맛바람이나 돈 봉투는 거의 사라졌다고 하는 것은 매우 다행한 일이다.

그러나 사립대학을 살펴보면 교육기관이라고 하기가 부끄러울 지경이다. 어떤 사립대의 이사장은 로마나 중국의 황제와도 같이 절대권을 행사한다고 한다. 호의호식하며 골프와 술값으로 억대의 공금을 쓰지만 교수나 직원들은 아무 말도 못할 정도라고 한다. 교수들은 논문 표절이 알려져도 서로 눈감아 주고, 나이 많은 교수들은 매달 두둑하게 월급을 받으면서도 나서서 긁어 부스럼을 만들 필요가 없다며 침묵할 뿐이다. 물론 성실한 교수와 직원도 많고, 열심히 노력하는 대학도 있을 것이다.

과거에는 정부 부서들, 예컨대 교육부나 보건복지부 등은 중요한 일을 결정하거나 처리해야 할 때 청와대 눈치만 보고 어물쩍하다가 지시가 떨어져야만 움직였다고 한다. 대기업은 말할 것도 없었다. 얼마 전까지만 해도, 대기업 계열사에 예고 없이 회장이 나타나면 계열사 임원직원들은 임금님 행차라도 되는 양 회장을 맞이하기에 여념이 없었다. 콩 심은 데 콩 나고 팥 심은 데 팥 난다고 하듯이, 사회정의가 성숙하지 못하고 현재와 미래가 불안하면 우리의 미래인 청소년들도 그러할 것이다.

존 롤스(1921~2002)
미국의 철학자로, 계약론을 현대적으로 해석하여 사회정의에 대해 자유주의적 입장을 제시했다. 『정의론』을 통해 공리주의의 실질적 내용과 그 방법론을 비판했다.

"사회정의를 가장 종합적인 관점에서 객관적으로 정리한 사람은 존 롤스*인데, 그는 공정함(fairness)으로서의 정의가 실현되는 것이 성숙한 민주주의 사회라고 했어. 공정함은 분배와 절차가 공정한 것을 의미해. 정치적으로 입헌 민주주의는 바로 공정한 절차적 민주주의이고 공정한 분배의 민주주의야. 여기에서 절차란 합의에 이르는 과정과 제도를 말해. 예컨대 국민의 뜻이 국회에서 강요나 치우침이 없는 공정한 토론과 규칙에 의해서 입법화된다면, 공정한 합의 절차를 거쳤다고 할 수 있어. 많은 독재 국가에서는 독재자나 그 밑의 권력자들이 제 맘대로 법을 결정하면서도, 말로는 공정한 합의 절차를 거치고 국민의 뜻을 대변한다고 큰소리를 쳐 대지. 또 성숙한 민주주의에서는 권리나 이익도 국민들에게 공정하게 분배되어야 해."

롤스는 공정함으로서의 사회정의의 원칙을 제시했는데, 하나는 자유롭고 평등한 기회의 원칙이고 다른 하나는 차등의 원칙이다. 자유롭고 평등한 기회의 원칙은 직업, 표현, 시위, 결사 등에 대해 모든 사람이 평등한 자유를 누려야 한다는 뜻이다. 그러나 재물, 교육 수준, 권력 등의 측면에서 사람들이 천차만별임을 인정하지 않으면 안 된다. 따라서 평등한 기회의 원칙을 전제로 한 차등의 원칙을 인정해야 한다. 다시 말해 재물, 교육 수준, 권력 등의 차이를 인정하고 이 차이를 최대한 줄이려 노력해야 한다는 것이다.

롤스는 이성에 의한 합의 절차에 의해 공정함으로서의 정의가 실현될 수 있다고 주장했다. 그러나 이성이라는 개념은 너무 관념적이고 추상적이므로, 이성 대신에 담론이나 의사소통을 떠올리는 편이 이해하기 쉽다. 물론 그가 말하는 정의는 사회적·정치적·경제적 관점에 치우친 면이 없지 않다. 그러나 성숙한 시민 의식과 공동체 의식에 대한 교육은 공정함으로서의 정의를 규정하고 실현하는 데 필수적인 요소다.

인간의 성숙한 홀로서기가 결여된다면 공정함으로서의 정의도 불가능하다. 청소년들이 홀로서기를 위해 인내하면서 자각할 때, 공정함으로서의 사회정의 실현에 스스로 참여하는 셈이다. 좌절과 실패와 시행착오는 젊음의 특권이다. 수없이 많은 좌절을 극복하고 무수한 실패를 딛고 시행착오를 거듭하다 보면, 삶의 행복이 무엇인지 깨달을 수 있다. 그렇기에 청소년은 우리 삶의 뿌리이자 싹이며 꽃이다.

생각해 볼 문제

❶ 쾌락의 종류를 말해 보자. 쾌감과 불쾌감은 어떻게 구분되는가? 쾌
   락이 행복이라는 주장의 근거는 무엇인가?

❷ 어떤 사람이 행복한가? 행복과 불행의 차이를 이야기해 보자.

❸ 용기와 절제가 무엇인지 설명하고, 중용으로서의 용기와 절제의 구
   체적인 예를 들어 보자.

❹ 좌절하고 절망한 적이 있는가? 지금 가지고 있는 희망은 어떤 것인
   가? 희망이 왜 행복인지 설명해 보자.

❺ 각자의 역사관을 말해 보자. 역사관에는 어떤 것들이 있는지도 알아보자.

❻ 의리는 공정함으로서의 정의가 될 수 없는데, 그 이유를 간단히 제
   시해 보자.

242

청소년을 위한 행복론 에세이

초판 1쇄 2014년 4월 1일
초판 3쇄 2020년 3월 25일

지은이 | 강영계
펴낸이 | 송영석

주간 | 이혜진
기획편집 | 박신애 · 김단비 · 심슬기
외서기획편집 | 정혜경
디자인 | 박윤정
마케팅 | 이종우 · 김유종 · 한승민
관리 | 송우석 · 황규성 · 전지연 · 채경민

펴낸곳 | (株)해냄출판사
등록번호 | 제10-229호
등록일자 | 1988년 5월 11일(설립일자 | 1983년 6월 24일)

04042 서울시 마포구 잔다리로 30 해냄빌딩 5 · 6층
대표전화 | 326-1600 **팩스** | 326-1624
홈페이지 | www.hainaim.com

ISBN 978-89-6574-440-5